# 알리바바
# 중국어 회화

**입문**

## 정명숙 | mingsu72@naver.com

서울디지털대학교 중국학과 전임교수
고려대학교 중어중문학과 국제어학원 강사
KBS 중국어 동시통역사
크레듀 삼성경제연구소 인터넷 강의 강사

**수상**
고등교육 이러닝콘텐츠 공모전 최우수상(교육부장관상)(2011)
서울디지털대학교 강의우수교원상(2013, 2015)
고려대학교 우수강좌상(2015)

**저서**
〈EBS TV 중국어회화: 총 12권〉
〈EBS강사 정밍수의 매력중국어〉
〈정명숙의 싱싱중국어: 첫걸음, 초급, 중급〉
〈정명숙의 중국어회화사전〉
〈상황별로 뽑아 쓰는 쏙쏙중국어: 1, 2〉
〈28일 만에 중국어 완전 절친 되기〉 외 다수

# 알리바바 중국어 회화 입문

초판 1쇄 발행 2016년 2월 1일
    2쇄 발행 2019년 9월 10일

지은이 정명숙
편집 길노을
디자인 디자인 바루
일러스트레이션 정경란
영업마케팅 정병건

펴낸곳 ㈜글로벌21
출판등록 2019년 1월 3일
주소 서울시 구로구 시흥대로 577-11
전화 02)6365-5169    팩스 02)6365-5179
www.global21.co.kr

ISBN 978-89-8233-271-5  14720
    978-89-8233-270-8  (SET)

# 알리바바
# 중국어 회화

입문

저자 정명숙

# 머리말

독자 여러분, 안녕하십니까?

밀물처럼 몰려오는 중국인 관광객 유커(游客)와 그들을 공략하기 위해 총력을 기울이고 있는 시장상황을 지켜보노라면 중국은 더 이상 가깝고도 먼 이웃이 아닌 것 같습니다.

G2 강국을 넘어 세계 1위 경제대국을 향해 꿈틀대는 거대한 나라 중국과 더불어 살아갈 수 있는 방법을 찾아야 할 시기라고 생각합니다. 그 방법 중 하나가 바로 중국어이며, 이제 중국어는 한국인뿐 아니라 세계인에게 있어서 더 이상 선택이 아닌 필수가 됐습니다. 어떻게 하면 중국어를 쉽고 재미있게 공부할 수 있을까요? 〈알리바바 중국어〉를 적극 추천합니다.

〈알리바바 중국어〉는 중국어를 처음 접하는 학습자가 단계별로 쉽게 공부할 수 있도록 짜여진 교재입니다. 발음부터 시작하는 입문과정, 기초회화를 다룬 초급과정, 심화과정인 중급과정, 수준 높은 프리토킹을 가능하게 해주는 고급과정으로 구성됐습니다. 알리바바 커리큘럼을 따라서 공부하다보면 중국어 학습이 쉽다는 것을 깨닫게 됩니다.

특히 입문과정은 초보자가 반드시 익혀야 할 발음을 중심으로 구성했습니다. 중국어는 1성, 2성, 3성, 4성으로 된 발음체계가 중요한 언어입니다. 처음에 하나하나의 발음을 꼼꼼히 익히고, 그 다음에는 이런 발음들이 단어나 문장으로 이뤄졌을 때 어떻게 응용되는지 집중적으로 연습합니다. 입문과정에서 중국어 발음을 다지는 것이 매우 중요하기 때문입니다.

중국어를 빨리 잘 하고 싶어 하는 학습자들에게 알려드리는 '즐거운 중국어 학습법 3대 Tip'을 믿고 실천해 보십시오. 중국어 학습의 길이 환하게 보일 것입니다.

1. 하루에 5분이라도 매일매일 꾸준히 중국어 공부를 하십시오.

2. 눈으로 보는 중국어 공부가 아니라 입으로 말하는 중국어 공부를 하십시오.

3. 음성파일과 인터넷강의를 활용하여 중국어를 듣고 따라서 발음해 보십시오.


〈알리바바 중국어〉가 '즐거운 중국어 학습'을 위한 좋은 길잡이가 되길 기원합니다.


저자  정명숙

# 차 례

# 학습내용

| 단원 | 단원명 | 핵심 문장 | 학습 포인트 | 중국문화 |
|---|---|---|---|---|
| 7 | Bù hǎo yìsi!<br>죄송합니다! | 不好意思! | 1. 사과와 답례의 표현<br>2. 没有의 용법 | 중국어의 방언 |
| 8 | Zài jiàn!<br>또 만나요! | 再见! | 1. 헤어질 때의 인사말<br>2. 4성이 연달아 있을 때의 발음 | 간체자 만드는 방법 |
| 9 | Jīntiān jǐ hào?<br>오늘은 며칠이죠? | 今天几号? | 1. 중국어 숫자<br>2. 숫자를 표현하는 손동작<br>3. 날짜 묻고 답하기 | 중국어 숫자 세기 |
| 10 | Wǒ shì Chéng Lóng.<br>저는 성룡입니다. | 我是成龙。 | 1. 이름 말하기<br>2. 인칭대명사 | 중국의 건축 양식 사합원 |
| 11 | Wǒ shì Hánguórén.<br>저는 한국 사람입니다. | 我是韩国人。 | 1. 서로의 국적 말하기<br>2. 나라 이름<br>3. 是자문 | 중국어 외래어 따라잡기 |
| 12 | Nǐ chī fàn le ma?<br>식사하셨어요? | 你吃饭了吗? | 1. 일상에서의 안부 표현<br>2. 동작의 완료나 상황의 변화를 나타내는 了<br>3. ~吗? | 패스트푸드점 이름으로 알아보는 중국 스타일 외래어 표기 |

1 중국어 발음과 성조에 대하여 설명하였습니다. 중국어를 처음 배우는 학습자들이 기초부터 체계적으로 배울 수 있습니다.

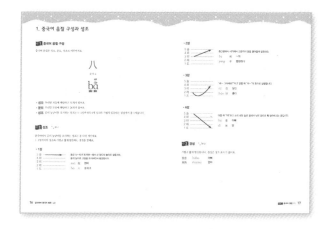

2 앞에서 배운 중국어 발음과 성조를 한 번 더 확인할 수 있습니다. 음원을 듣고 발음을 연습해 보세요.

3 일상생활에서 자주 쓰이는 핵심 문장을 수록하였으며, 기초 단어와 함께 공부할 수 있습니다. 간단한 문장부터 보고 들으면서 외워 보세요.

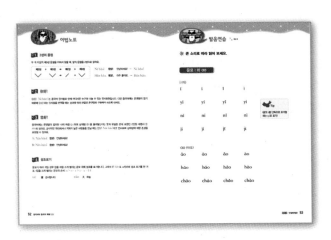

어법노트에서는 중국어의 기본 문법을 배울 수 있습니다.
발음연습으로 기초 발음부터 확실히 연습할 수 있습니다.

4

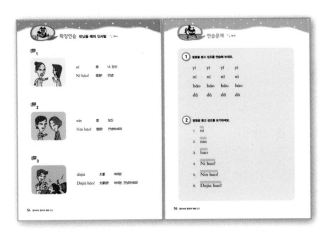

확장연습에서 삽화와 함께 단어를 공부하고, 연습문제로
앞에서 배운 내용을 한번 더 확인합니다.

5

간체자 쓰기를 통해 간체자를 쓰는 연습을 하고, 중국문화
알리바바를 읽어보면서 중국에 대해 공부해 보세요.

6

### 1 중국어 한자와 발음표기

한자로 이루어진 중국어는 글자 수가 너무 많아 중국인들조차도 읽지 못하는 글자가 많아요. 이런 문제를 해결하기 위해 글자마다 알파벳으로 독음을 달아 표기하도록 하는 한어병음(汉语拼音)을 제정하였습니다. 알파벳으로 중국어 음을 표시한 한어병음으로 외국인들의 중국어 공부가 쉬워지면서 중국어의 국제화 보급에 널리 공헌하고 있어요.

### 2 한어병음(汉语拼音)

한어병음은 운모+성조 또는 성모+운모+성조로 이루어져요. 爱 사랑 애 , 중국어로는 爱 ài(아이)라고 발음해요. 한어병음을 보면 운모+성조 구조로 되어 있죠? 이번에는 성모+운모+성조 구조로 된 人(사람 인)자도 볼까요?

## ★3 중국의 표준어와 사투리

중국의 사투리는 외국어 수준이라서 같은 중국인끼리라도 표준어를 구사하지 않으면 의사소통이 되지 않을 수 있어요. 같은 민족끼리도 방언으로는 의사소통을 할 수 없는 불편함을 해결하기 위해 1955년 「중국전국문자개혁회의」와 「현대한어규범문제학술회의」에서 중국의 표준음 즉, 보통화(**普通话**)를 제정하였습니다. '보통화'란 중국 전역에서 통용되는 한민족(**汉民族**)의 규범화된 공통어입니다. 오랜 역사를 지닌 북경어음을 표준음으로 하고 북부지방의 방언을 기본 어휘로 하며 전형적인 현대 작품을 어법의 규범으로 삼고 있습니다. 우리가 배우는 중국어가 바로 보통화(**普通话**)입니다.

## ★4 간체자와 번체자

한자 표기는 '번체자'와 '간체자'로 구분돼요. 번체자에서 '**繁**'은 '많다'는 뜻으로 한자의 필획이 많음을 말하고요, 간체자는 이와 반대로 필획이 간결한 한자를 말하죠.

| 번체자 | 간체자 | | 독음 | 뜻 |
|--------|--------|------|------|------|
| 愛 | 爱 | ài | 애 | 사랑하다 |
| 學 | 学 | xué | 학 | 배우다 |

## **5** 성조

중국어 성조는 크게 4가지로 분류돼요. 1성, 2성, 3성 그리고 4성의 성조가 있는데요,

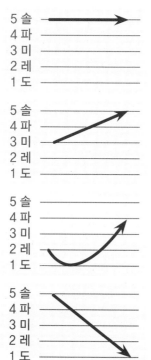

**1성**(성조 표시 그림 참고)은 음이 높아 음계로 치면 '솔'의 음에 해당해요.

**2성**은 '미'에서 '솔' 높이로 음을 올려 읽죠.

**3성**은 '레'에서 '파'의 높이로 음을 내렸다가 다시 올려요.

**4성**은 신경질적으로 세게 내려 읽죠.

발음이 같아도 성조에 따라 의미가 달라지기 때문에 성조를 잘 지키는 것이 중요합니다.

八　bā　숫자 8　　　拔　bá　뽑다　　　把　bǎ　잡다　　　爸　bà　아빠

## **6** 문법

• 어순 체계

영어의 기본 어순은 S(주어)+V(동사)+O(목적어)이죠? 중국어도 영어와 마찬가지로 S+V+O 체계를 기본 어순으로 취해서 우리말과 어순이 다른 것처럼 보이죠. 하지만 실제로 중국어는 S+V+O와 S+O+V 두 가지 어순 체계를 가지고 있어요. 그래서 중국어를 계속 공부한다면 우리말과 비슷한 경우도 많이 보게 된답니다.

S+O+V　　　나는 밥을 먹는다.

S+V+O　　　我吃饭。(워 츠 판)

　　　　　　Wǒ chī fàn.

또한, 중국어는 띄어쓰기가 없지만 읽을 때는 반드시 어휘별로 끊어 읽어야 합니다.

# UNIT 1 중국어 발음 (1)

# 1. 중국어 음절 구성과 성조

## ⭐1 중국어 음절 구성

중국어 음절은 성모, 운모, 성조로 이루어지죠.

- **성모**: 우리말 자음에 해당하고 21개가 있어요.
- **운모**: 우리말 모음에 해당하고 36개가 있어요.
- **성조**: 음의 높낮이를 표시하는 성조는 1-4성까지의 4개 성조와 가볍게 발음하는 경성까지 총 5개입니다.

## ⭐2 성조  01-1

중국어에서 음의 높낮이를 표시하는 성조는 총 다섯 개인데요,
1-4성까지의 성조와 가볍고 짧게 발음하는 경성을 말해요.

### • 1성

| 5 솔 ────→ |
| 4 파 ──── |
| 3 미 ──── |
| 2 레 ──── |
| 1 도 ──── |

동요 산~토끼 토끼야~에서 산 정도의 높이로 발음하죠.
솔의 높이로 고음을 유지하면서 발음합니다.

mā  妈  엄마
bā  八  숫자 8

## • 2성

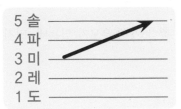

중간음에서 시작해서 고음까지 음을 끌어올려 발음하죠.

hé     和     ~와

píng    平     평평하다

## • 3성

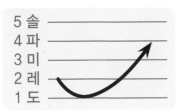

"네~ 그러세요?"라고 말할 때 "네~"의 톤으로 발음합니다.

nǐ    你     당신

hǎo   好     좋다

## • 4성

아플 때 "아!"하고 소리 내듯 높은 음에서 낮은 음으로 툭 떨어뜨리는 음입니다.

bà    爸     아빠

dì    地     땅

## ★3 경성   01-2

가볍고 짧게 발음합니다. 경성은 성조 표시가 없어요.

爸爸    bàba     아빠
妈妈    māma     엄마

# 2. 기본운모 (a, o, e, i, u, ü)

## 1 단운모 01-3

운모는 우리말 모음에 해당해요. 중국어에는 단운모, 복운모, 비운모, 권설운모 등 총 36개의 운모가 있는데, 먼저 단운모부터 볼까요?

하나의 음절로 이루어진 기본 운모를 단운모라고 해요.

 입을 크게 벌리고 우리말 '아'처럼 발음

ā   á   ǎ   à

 입을 오무렸다가 천천히 벌리면서 '오~어'처럼 발음

ō   ó   ǒ   ò

 미소를 짓는 입을 벌리고 우리말 '으~어'처럼 발음

ē   é   ě   è

 우리말 '김치'할 때 '이'처럼 발음

ī   í   ǐ   ì

 입술을 작고 동글게 오므리면서 우리말 '우'처럼 발음

ū   ú   ǔ   ù

 우리말 '위' 발음 보다 입술을 더 작고 동그랗게 오므려 발음
발음이 끝날 때까지 동그란 입모양을 유지

ǖ   ǘ   ǚ   ǜ

## ✷2 발음연습 01-4

### 단운모 성조 연습

아래의 단운모를 각 성조대로 읽어보세요.

1.　ā　　á　　ǎ　　à
2.　ō　　ó　　ǒ　　ò
3.　ī　　í　　ǐ　　ì
4.　ū　　ú　　ǔ　　ù
5.　ǖ　　ǘ　　ǚ　　ǜ

### 성모와 단운모 발음 연습

성모와 결합한 단운모를 각 성조대로 읽어보세요.

1.　bā　　bá　　bǎ　　bà
2.　pō　　pó　　pǒ　　pò
3.　mī　　mí　　mǐ　　mì
4.　fū　　fú　　fǔ　　fù

# 3. 성모

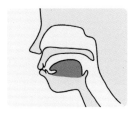

### ★1 쌍순음(입술소리)  01-5

성모는 우리말 자음에 해당해요. 중국어 성모는 총21개로 이루어졌어요.
성모만으로는 소리를 낼 수 없고 운모가 있어야 소리가 납니다.

**b**
위아래 입술을 가볍게 떼면서 운모 'o'를 붙여 '뽀어'하고 발음한다. 같은 글자가 중복되면 두 번째 글자는 가볍게 경성으로 발음해요.
bā　　八　　숫자 8　　　　　　bàba　　爸爸　　아빠

**p**
위아래 입술을 가볍게 떼면서 운모 'o'를 붙여 '포어'하고 발음한다.
pá　　爬　　기다　　　　　　pà　　怕　　두려워하다

**m**
위아래 입술을 가볍게 떼면서 운모 'o'를 붙여 '모어'하고 발음한다.
mǎ　　马　　말　　　　　　māma　　妈妈　　엄마

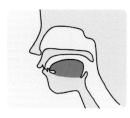

### ★2 순치음(윗니와 아랫입술 소리)  01-6

**f**
아랫입술 안쪽의 윗니를 살짝 댔다가 떼면서 운모 'o'를 붙여 '포어'하고 발음한다.
fā　　发　　발생하다　　　　　　fǎ　　法　　법

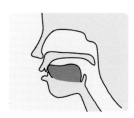

### ★3 설첨음(혀끝 소리)  01-7

**d**
혀끝을 윗잇몸에 붙였다 떼면서 '뜨어'로 발음한다.
dú　　读　　읽다　　　　　　dìdi　　弟弟　　남동생

**t**
혀끝을 윗잇몸에 붙였다 떼면서 '트어'로 발음한다.
tā　　他　　그　　　　　　tǔdì　　土地　　땅

**n**  혀끝을 윗잇몸에 붙였다 떼면서 '느어'로 발음한다.

nǐ  你  당신    nǚ  女  여자

**l**  혀끝을 윗잇몸에 붙였다 떼면서 '르어'로 발음한다.

lā  拉  당기다    lǜ  绿  초록색

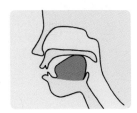

### ⭐4 설근음(허뿌리 소리)  01-8

**g**  혀의 뒷부분을 입천장 쪽으로 당기면서 '끄어'하고 발음한다.

gēge  哥哥  형, 오빠    gūdú  孤独  외롭다

**k**  혀의 뒷부분을 입천장 쪽으로 당기면서 '크어'하고 발음한다.

kǎ  卡  카드    kělè  可乐  콜라

**h**  혀의 뒷부분을 입천장 쪽으로 당기면서 '흐어'하고 발음한다.

hē  喝  마시다    hāhāhā  哈哈哈  하하해(웃음소리)

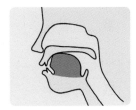

### ⭐5 설면음(혓바닥 소리)  01-9

**j**  입모양을 미소를 짓듯 벌리고 혀를 펴서 '지'하고 발음한다.

jí  急  급하다    jì  计  계산하다

**q**  입모양을 미소를 짓듯 벌리고 혀를 펴서 '치'하고 발음한다.

qī  七  숫자7    qì  气  가스

**x**  입모양을 미소를 짓듯 벌리고 혀를 펴서 '씨'하고 발음한다.

xī  西  서쪽    xǐ  洗  씻다

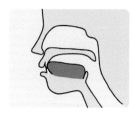

## ⚑6 설치음(혀끝과 이 소리) 01-10

**z**
혀끝을 앞니 뒤쪽에 붙였다가 떼면서 운모 i(으)를 붙여 '쯔'하고 발음한다.
zì　字　글씨　　　zá　杂　복잡하다

**c**
혀끝을 앞니 뒤쪽에 붙였다가 떼면서 운모 i(으)를 붙여 '츠'하고 발음한다.
cì　次　번　　　cū　粗　굵다

**s**
혀끝을 앞니 뒤쪽에 붙였다가 떼면서 운모 i(으)를 붙여 '쓰'하고 발음한다.
sì　四　숫자 4　　　sè　色　색깔

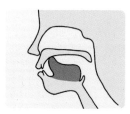

## ⚑7 권설음(혀끝과 입천장 소리) 01-11

**zh**
혀끝을 말아 올려 입천장에 댔다가 떼면서 '즈'하고 발음한다.
zhǐ　纸　종이　　　zhè　这　이것

**ch**
혀끝을 말아 올려 입천장에 댔다가 떼면서 '츠'하고 발음한다.
chī　吃　먹다　　　chē　车　자동차

**sh**
혀끝을 말아 올려 입천장에 댔다가 떼면서 '스'하고 발음한다.
shū　书　책　　　shì　事　일

**r**
혀끝을 말아 올려 입천장에 댔다가 떼면서 '르'하고 발음한다.
rì　日　날짜　　　rè　热　덥다

## ⭐8 성모와 단운모 결합표  01-12

|  | a | o | e | i (으) | i (이) | u | ü |
|---|---|---|---|---|---|---|---|
| b | ba | bo |  |  | bi | bu |  |
| p | pa | po |  |  | pi | pu |  |
| m | ma | mo | me |  | mi | mu |  |
| f | fa | fo |  |  |  | fu |  |
| d | da |  | de |  | di | du |  |
| t | ta |  | te |  | ti | tu |  |
| n | na |  | ne |  | ni | nu | nü |
| l | la |  | le |  | li | lu | lü |
| g | ga |  | ge |  |  | gu |  |
| k | ka |  | ke |  |  | ku |  |
| h | ha |  | he |  |  | hu |  |
| j |  |  |  |  | ji |  | ju |
| q |  |  |  |  | qi |  | qu |
| x |  |  |  |  | xi |  | xu |
| z | za |  | ze | zi |  | zu |  |
| c | ca |  | ce | ci |  | cu |  |
| s | sa |  | se | si |  | su |  |
| zh | zha |  | zhe | zhi |  | zhu |  |
| ch | cha |  | che | chi |  | chu |  |
| sh | sha |  | she | shi |  | shu |  |
| r |  |  | re | ri |  | ru |  |
| 성모없을 때 표기 | a | o | e | yi | | wu | yu |

성모 j, q, x가 운모 ü와 만나면 표기만 ju, qu, xu로 합니다.

## (1) 운모 i ～

운모 i는 '이'와 '으' 두 가지 발음이 있어요.
성모 zh, ch, sh, r, z, c, s 와 운모 i가 결합하면 운모는 우리말의 '으'로 발음하고
나머지 경우에는 '이'로 발음해요.

## (2) 운모 i, u

운모 i, u, ü가 성모 없이 표기할 때
i → yi
u → wu
ü → yu

## ⭐9 발음연습 01-13

네 가지 성조 연습

1. dā    dá    dǎ    dà
2. mā    má    mǎ    mà
3. nī    ní    nǐ    nì
4. tā    tá    tǎ    tà
5. yī    yí    yǐ    yì
6. wū    wú    wū    wù

음의 구별(성모, 운모, 성조의 구별)

1. bō    pō          bà    pà
2. dé    tè          dì    tì
3. gé    kě          né    nè
4. gā    gē          gū    gù
5. kā    kū          hū    hù
6. jī    qì          jù    qù

# 4. 운모(1)

## ★1 복운모 (ai, ei, ao, ou) 01-14

앞에서 단운모에 대해서 알아봤죠?
이번에는 두 개의 단운모로 구성된 복운모에 대해 알아보죠.

| ai (아이) | a는 길고 강하게 i는 가볍고 짧게 발음한다. | | | | | |
|---|---|---|---|---|---|---|
| | ài | 爱 | 사랑하다 | hǎi | 海 | 바다 |

| ei (에이) | e는 길고 강하게 i는 가볍고 짧게 발음한다. | | | | | |
|---|---|---|---|---|---|---|
| | běi | 北 | 북쪽 | gěi | 给 | 주다 |

| ao (아오) | a는 길고 강하게 o는 가볍고 짧게 발음한다. | | | | | |
|---|---|---|---|---|---|---|
| | bǎo | 饱 | 배부르다 | hǎo | 好 | 좋다 |

| ou (오우) | o는 길고 강하게 u는 가볍고 짧게 발음한다. | | | | | |
|---|---|---|---|---|---|---|
| | tóu | 头 | 머리 | shǒu | 手 | 손 |

## ★2 비운모 (an, en, ang, eng, ong) 01-15

콧소리가 들어가는 운모를 비운모라고 해요.

| an (안) | sān | 三 | 숫자 3 |
| | shān | 山 | 산 |

| en (으언) | shēn | 身 | 몸 |
| | mén | 门 | 문 |

| ang (앙) | máng | 忙 | 바쁘다 |
| | cháng | 长 | 길다 |

| eng (엉) | lěng | 冷 | 춥다 |
| | děng | 等 | 기다리다 |

| ong (옹) | hóng | 红 | 빨강 |
| | lóng | 龙 | 용 |

## ⭐3 권설운모 (er) 01-16

권설운모는 혀를 말아 우리말 '얼'처럼 발음해요.

| er (얼) | èr | 二 | 숫자 2 |
| | ěr | 耳 | 귀 |

성모와 복운모, 비운모, 권설운모 결합표입니다.

| | ai | ao | ei | ou | an | en | ang | eng | ong | er |
|---|---|---|---|---|---|---|---|---|---|---|
| b | bai | bao | bei | | ban | ben | bang | beng | | |
| p | pai | pao | pei | pou | pan | pen | pang | peng | | |
| m | mai | mao | mei | mou | man | men | mang | meng | | |
| f | | | fei | fou | fan | fen | fang | feng | | |
| d | dai | dao | dei | dou | dan | den | dang | deng | dong | |
| t | tai | tao | | tou | tan | | tang | teng | tong | |
| n | nai | nao | nei | nou | nan | nen | nang | neng | nong | |
| l | lai | lao | lei | lou | lan | | lang | leng | long | |
| g | gai | gao | gei | gou | gan | gen | gang | geng | gong | |
| k | kai | kao | kei | kou | kan | ken | kang | keng | kong | |
| h | hai | hao | hei | hou | han | hen | hang | heng | hong | |
| j | | | | | | | | | | |
| q | | | | | | | | | | |
| x | | | | | | | | | | |
| z | zai | zao | zei | zou | zan | zen | zang | zeng | zong | |
| c | cai | cao | | cou | can | cen | cang | ceng | cong | |
| s | sai | sao | | sou | san | sen | sang | seng | song | |
| zh | zhai | zhao | zhei | zhou | zhan | zhen | zhang | zheng | zhong | |
| ch | chai | chao | | chou | chan | chen | chang | cheng | chong | |
| sh | shai | shao | shei | shou | shan | shen | shang | sheng | | |
| r | | rao | | rou | ran | ren | rang | reng | rong | |
| 성모없이 표기할 때 | ai | ao | ei | ou | an | en | ang | eng | ong | er |

## ✦4 성조표기

1. 운모가 하나밖에 없을 때는 성조를 운모 위에 표기합니다.

nǐ       你       당신

chī       吃       먹다

2. 운모가 여러 개일 경우 a > o · e > i · u · ü (기본운모의 입이 크게 벌어지는 순서)와 같이 입이 제일 크게 벌려지는 운모 위에 성조를 표기합니다.

xiè       谢       감사합니다

tiān       天       하늘

3. 운모 i와 u가 나란히 있을 때는 뒤에 있는 운모에 성조를 표기합니다.

jiǔ       酒       술

zuì       醉       취하다

## ★5 발음연습 01-17

### 운모 구분 발음연습

1. bān   bāng      dān   dāng      pān   pāng
2. tàn   tàng      mán   máng      děng   dǒng
3. hǎn   hěn       láng   lěng      nán   náng
4. dōng   dǒng     fěn   fěng      pén   péng

### 성모 구분 발음연습

1. zī      zhī              2. zū      zhū
3. zā      zhā              4. zé      zhé
5. zāi   cāi   sāi          6. zēn   cēn   sēn
7. zāng   cāng   sāng

### 발음을 듣고 성조를 표기하세요.

1. dou   都   모두          2. dou   豆   콩
3. ben   本   근본          4. bao   饱   배부르다
5. tao   逃   도망치다       6. lei   累   피곤하다
7. lao   老   늙다          8. hei   黑   검은색
9. han   汗   땀            10. ren   人   사람

# 5. 운모(2)

## ⭐1  i 결합운모 01-18

결합운모란 운모 i, u, ü와 다른 운모가 결합하여 이루어진 것을 말해요.

| | | | |
|---|---|---|---|
| **ia**<br>(이야) | yá<br>jiā | 牙<br>家 | 치아<br>집 |
| **ie**<br>(이에) | yè<br>jiějie | 页<br>姐姐 | 페이지<br>언니, 누나 |
| **iao**<br>(이야오) | yào<br>xiǎo | 要<br>小 | 원하다<br>작다 |
| **iou(iu)**<br>(이여우) | yǒu<br>niú | 有<br>牛 | 소유하다<br>소 |
| **ian**<br>(이옌) | yǎn<br>tiān | 眼<br>天 | 눈<br>하늘 |
| **iang**<br>(이양) | yáng<br>qiáng | 羊<br>强 | 양<br>강하다 |
| **iong**<br>(이용) | yòng<br>xióng | 用<br>熊 | 이용하다<br>곰 |
| **in**<br>(인) | yīn<br>xīn | 音<br>新 | 소리<br>새롭다 |
| **ing**<br>(잉) | yìng<br>xìng | 硬<br>姓 | 딱딱하다<br>성씨 |

성모와 i 결합운모 결합표입니다.

| | ia | ie | iao | iu(iou) | ian | iang | iong | in | ing |
|---|---|---|---|---|---|---|---|---|---|
| b | | bie | biao | | bian | | | bin | bing |
| p | | pie | piao | | pian | | | pin | ping |
| m | | mie | miao | miu | mian | | | min | ming |
| f | | | | | | | | | |
| d | | die | diao | diu | dian | | | | ding |
| t | | tie | tiao | | tian | | | | ting |
| n | | nie | niao | niu | nian | niang | | nin | ning |
| l | lia | lie | liao | liu | lian | liang | | lin | ling |
| g | | | | | | | | | |
| k | | | | | | | | | |
| h | | | | | | | | | |
| j | jia | jie | jiao | jiu | jian | jiang | jiong | jin | jing |
| q | qia | qie | qiao | qiu | qian | qiang | qiong | qin | qing |
| x | xia | xie | xiao | xiu | xian | xiang | xiong | xin | xing |
| z | | | | | | | | | |
| c | | | | | | | | | |
| s | | | | | | | | | |
| zh | | | | | | | | | |
| ch | | | | | | | | | |
| sh | | | | | | | | | |
| r | | | | | | | | | |
| 성모없이 표기할 때 | ya | ye | yao | you | yan | yang | yong | yin | ying |

## 표기와 발음 주의 사항

(1) i로 시작되는 음절은 i를 y로 바꾸어 표기한다.

ia → ya                    iong → yong

(2) in, ing은 앞에 y를 추가해서 표기한다.

in → yin                   ing → ying

(3) iou는 iu로 표기하지만 발음할 때는 o음을 살려서 발음한다.

jiou → jiu                 niou → niu

| | | | |
|---|---|---|---|
| ua (우와) | wā | 蛙 | 개구리 |
| | huā | 花 | 꽃 |
| uo (우워) | wǒ | 我 | 나 |
| | shuō | 说 | 말하다 |
| uai (우아이) | wài | 外 | 바깥 |
| | shuài | 帅 | 멋지다 |
| uan (우안) | wán | 玩 | 놀다 |
| | huàn | 换 | 바꾸다 |
| uang (우앙) | wàng | 忘 | 잊다 |
| | chuáng | 床 | 침대 |
| uei(ui) (우에이) | wèi | 胃 | 위장 |
| | shuǐ | 水 | 물 |
| uen(un) (우원) | wèn | 问 | 질문하다 |
| | kùn | 困 | 졸리다 |
| ueng (우웡) | wēng | 翁 | 할아버지 |
| | wēngwēng | 嗡嗡 | 윙윙(모기, 벌 등 곤충이 날아다니는 소리) |

## 표기와 발음 주의 사항

(1) u가 성모 없이 단독으로 쓰일 때는 w로 표기한다.

(2) uei가 성모와 결합할 때는 e를 생략하고 ui로 표기한다. 단, 발음할 때는 e를 발음한다.

(3) uen이 성모와 결합할 때는 un으로 표기하고 e를 약하게 발음한다.

## ★3 ü 결합운모 01-20

| | | | | | |
|---|---|---|---|---|---|
| üe (위에) | yuē | 约 | 대략 | xué 学 | 배우다 |
| üan (위엔) | yuǎn | 远 | 멀다 | xuǎn 选 | 뽑다 |
| ün (윈) | yún | 云 | 구름 | jūn 军 | 군대 |

## 표기와 발음 주의 사항

(1) ü가 성모 없이 단독으로 쓰일 때는 yu로 표기한다.

(2) 성모 j, q, x가 운모 ü와 결합할 때는 ü 위의 두 점을 생략하여 표기한다.

성모와 u, ü 결합운모 결합표입니다.

| | ua | uo | uai | ui(uei) | uan | uen(un) | uang | ueng | üe | üan | ün |
|---|---|---|---|---|---|---|---|---|---|---|---|
| b | | | | | | | | | | | |
| p | | | | | | | | | | | |
| m | | | | | | | | | | | |
| f | | | | | | | | | | | |
| d | | duo | | dui | duan | dun | | | | | |
| t | | tuo | | tui | tuan | tun | | | | | |
| n | | nuo | | | nuan | | | | nüe | | |
| l | | luo | | | luan | lun | | | lüe | | |
| g | gua | guo | guai | gui | guan | gun | guang | | | | |
| k | kua | kuo | kuai | kui | kuan | kun | kuang | | | | |
| h | hua | huo | huai | hui | huan | hun | huang | | | | |
| j | | | | | | | | | jue | juan | jun |
| q | | | | | | | | | que | quan | qun |
| x | | | | | | | | | xue | xuan | xun |
| z | | zuo | | zui | zuan | zun | | | | | |
| c | | cuo | | cui | cuan | cun | | | | | |
| s | | suo | | sui | suan | sun | | | | | |
| zh | zhua | zhuo | zhuai | zhui | zhuan | zhun | zhuang | | | | |
| ch | chua | chuo | chuai | chui | chuan | chun | chuang | | | | |
| sh | shua | shuo | shuai | shui | shuan | shun | shuang | | | | |
| r | rua | ruo | | rui | ruan | run | | | | | |
| 성모없이 표기할 때 | wa | wo | wai | wei | wan | wen | wang | weng | yue | yuan | yun |

## **4** 발음연습 01-21

### 운모 구별 연습

1. guān    guāng
2. bīn    bīng
3. jiā    jiē
4. kuān    kuāng
5. tián    tiáo
6. qíng    qióng
7. huān    huāng
8. liàn    liàng
9. xuǎn    xiǎn

### 성모와 성조 구별 연습

1. biǎo    piāo
2. niú    liú
3. diǎn    tiān
4. míng    níng
5. xiū    diū
6. jiǔ    qiú
7. qiáng    jiāng
8. wēng    yòng
9. xiān    xiāng

# UNIT 2 중국어 발음 (2)

# 1. 1성 결합 단어 02-1

## ⭐1 성조의 중요성

발음이 같아도 성조가 다르면 의미가 다른 글자가 돼요.
그만큼 정확한 성조가 중요하단 말씀!
다음의 예를 볼까요?

| | | |
|---|---|---|
| mā | 妈 | 엄마 |
| mǎ | 马 | 말 |
| | | |
| māo | 猫 | 고양이 |
| máo | 毛 | 깃털 |
| | | |
| shū | 书 | 책 |
| shù | 树 | 나무 |
| | | |
| gǒu | 狗 | 개 |
| gòu | 够 | 충분하다 |

**동음이의어 중국어 잰말놀이**

**妈妈骑马，马慢，妈妈骂马。**
Māma qí mǎ, mǎ màn, māma mà mǎ.

엄마가 말을 모는데, 말이 천천히 가니, 엄마가 말을 나무란다.

1성은 네 개의 성조 가운데 시작하는 음이 가장 높아요.
고음의 높이를 유지하면서 발음하죠.
제1성과 기타 성조 글자들의 조합을 차례대로 연습해 봅시다.
발음과 우리말 뜻에 주의해서 읽어보세요.

| · 제1성 + 제1성 | kāfēi | 咖啡 | 커피 |
| | jīntiān | 今天 | 오늘 |
| | fēijī | 飞机 | 비행기 |

| · 제1성 + 제2성 | chūlái | 出来 | 나오다 |
| | fēicháng | 非常 | 굉장히 |
| | gōngyuán | 公园 | 공원 |

| · 제1성 + 제3성 | fāzhǎn | 发展 | 발전하다 |
| | gāngbǐ | 钢笔 | 만년필 |
| | xiūlǐ | 修理 | 수리하다 |

| · 제1성 + 제4성 | chūqù | 出去 | 나가다 |
| | bāngzhù | 帮助 | 돕다 |
| | yīnyuè | 音乐 | 음악 |

| · 제1성 + 경성 | māma | 妈妈 | 엄마 |
| | gēge | 哥哥 | 오빠, 형 |
| | bēizi | 杯子 | 컵 |

Tip   같은 글자가 중복되면 두 번째 글자는 경성으로 발음해요.

**①** 한자를 한어병음과 읽어보세요.

1. chūlái     出来     나오다
2. chūqù     出去     나가다
3. bāngzhù     帮助     돕다
4. gēge     哥哥     오빠, 형
5. fēicháng     非常     굉장히

**②** 발음을 듣고 성조를 표기하세요.

1. kafei     咖啡   커피
2. fazhan     发展   발전하다
3. bangzhu     帮助   돕다
4. yinyue     音乐   음악

힌트: 운모가 여러 개일 경우 a>o · e>i · u · ü(기본운모의 입이 크게 벌어지는 순서와 같이 입이 제일 크게 벌려지는 운모 위에 성조를 표기합니다.

**③** 우리말을 참고로 이 단원에서 배운 단어로 빈칸을 채우세요.

1. 엄마가 나오신다.     _____ chūlái.
2. 오늘 나간다.     _____ chūqù.
3. 엄마를 돕는다.     _____ māma.
4. 오빠를 돕다.     Bāngzhù _____.
5. 비행기를 수리하다.     Xiūlǐ _____.

# 2. 2성 결합 단어 02-3

## ⭐1 2성과 기타 성조와의 결합

2성은 중간 높이에서 위로 상승하는 성조로 시작점이 3성보다는 높아요.
제2성과 기타 성조 글자들의 조합을 차례대로 연습해 봅시다.
발음과 우리말 뜻에 주의해서 읽어보세요.

| | | | |
|---|---|---|---|
| **· 제2성 + 제1성** | tóngwū | 同屋 | 룸메이트 |
| | zuótiān | 昨天 | 어제 |
| | chénggōng | 成功 | 성공하다 |
| **· 제2성 + 제2성** | liúxué | 留学 | 유학하다 |
| | chángcháng | 常常 | 자주 |
| | shítáng | 食堂 | (구내)식당 |
| **· 제2성 + 제3성** | niúnǎi | 牛奶 | 우유 |
| | píjiǔ | 啤酒 | 맥주 |
| | píngguǒ | 苹果 | 사과 |
| **· 제2성 + 제4성** | chéngshì | 城市 | 도시 |
| | chídào | 迟到 | 지각하다 |
| | liánxì | 联系 | 연락하다 |
| **· 제2성 + 경성** | háizi | 孩子 | 아이 |
| | péngyou | 朋友 | 친구 |
| | míngzi | 名字 | 이름 |

# 연습문제

**1** 한자를 한어병음과 읽어보세요.

1. chénggōng    **成功**    성공하다
2. shítáng    **食堂**    (구내)식당
3. chángcháng    **常常**    자주
4. píjiǔ    **啤酒**    맥주
5. chídào    **迟到**    지각하다
6. liánxì    **联系**    연락하다
7. péngyou    **朋友**    친구
8. píngguǒ    **苹果**    사과

**2** 우리말을 참고로 이 단원에서 배운 단어로 빈칸을 채우세요.

1. 자주 지각한다.    _____ chídào.
2. 자주 연락합시다.    Chángcháng _____.

# 3. 3성 결합 단어 02-3

## ⭐1 3성의 성조 변화

중국어 3성은 변화가 가장 많은 성조입니다. 발음할 때 특히 다른 단어의 성조에 주의해야 하며, 제3성의 음절이 제1, 2, 4성 및 경성 음절 앞에 쓰이면 앞에 나온 3성 글자는 3성을 내려가는 부분만 발음하는데 이를 반3성이라고 합니다.

| · 제3성 + 제1성 | hǎochī | 好吃 | 맛있다 |
| | guǒzhī | 果汁 | 과일주스 |
| | Běijīng | 北京 | 베이징 |

| · 제3성 + 제2성 | yǒumíng | 有名 | 유명하다 |
| | qǐchuáng | 起床 | 기상하다 |
| | Měiguó | 美国 | 미국 |

**Tip**

지명, 나라이름, 인명의 첫 글자는 대문자로 표기

| · 제3성 + 제4성 | bǐjiào | 比较 | 비교적, 비교하다 |
| | bǐsài | 比赛 | 경기 |
| | nǔlì | 努力 | 노력하다 |

| · 제3성 + 경성 | běnzi | 本子 | 노트 |
| | nǐmen | 你们 | 너희들 |
| | wǒmen | 我们 | 우리들 |

## ★2 3성의 중첩

두 개 이상의 제3성 음절을 이어서 읽을 때, 앞의 음절을 2성으로 읽어요.
그러나 표기는 꼭 제3성+제3성으로 해야 한다는 점에 주의하세요.

Nǐ hǎo!     你好!     안녕하세요!  →  Ní hǎo!
Hěn hǎo.   很好。    아주 좋아요.  →  Hén hǎo.

• 제3성 + 제3성
fǎyǔ        法语    프랑스어 (V+V→╱+V)
shuǐguǒ     水果    과일 (V+V→╱+V)
yǒnggǎn     勇敢    용감하다 (V+V→╱+V)

# 연습문제

**① 한자를 한어병음과 읽어보세요.**

1. hǎochī    好吃    맛있다
2. guǒzhī    果汁    과일주스
3. shuǐguǒ   水果    과일
4. yǒnggǎn   勇敢    용감하다
5. wǒmen    我们    우리들
6. nǐmen    你们    너희들
7. bǐjiào    比较    비교하다
8. nǔlì    努力    노력하다

**② 우리말을 참고로 이 단원에서 배운 단어로 빈칸을 채우세요.**

1. 과일은 맛있다.        Shuǐguǒ _____.
2. 우리는 용감하다.      _____ yǒnggǎn.

# 4. 4성 결합 단어 02-5

**4성과 기타 성조와의 결합**

4성은 음의 시작점은 높지만 위에서 아래로 떨어지는 음입니다.
4성 뒤의 기타 성조와의 조합을 살펴볼까요?

| | | | |
|---|---|---|---|
| **· 제4성 + 제1성** | qìchē | 汽车 | 자동차 |
| | hòutiān | 后天 | 모레 |
| | miànbāo | 面包 | 빵 |
| **· 제4성 + 제2성** | bàngqiú | 棒球 | 야구 |
| | dìtú | 地图 | 지도 |
| | liànxí | 练习 | 연습, 연습하다 |
| **· 제4성 + 제3성** | bànfǎ | 办法 | 방법 |
| | xiàwǔ | 下午 | 오후 |
| | Hànyǔ | 汉语 | 중국어 |
| **· 제4성 + 제4성** | fàndiàn | 饭店 | 호텔 |
| | zàijiàn | 再见 | 안녕히 계세요 |
| | jiàoshì | 教室 | 교실 |

## ★2 4성의 중첩

두 개 이상의 제4성 음절을 이어서 읽을 때, 뒤의 음절은 앞 음절보다 길게 읽어요.

再见!　　Zàijiàn!　　　　　또 봐요! 안녕히 계세요!

• 제4성 + 경성

| | | |
|---|---|---|
| bàba | 爸爸 | 아버지 |
| dìdi | 弟弟 | 남동생 |
| dàifu | 大夫 | 의사 |

# 연습문제

**①** 한자를 한어병음과 읽어보세요.

1. bàba　　爸爸　아버지
2. dìdi　　弟弟　남동생
3. zàijiàn　再见　안녕히 계세요
4. liànxí　练习　연습, 연습하다
5. miànbāo　面包　빵
6. dìtú　地图　지도
7. fàndiàn　饭店　호텔
8. bàngqiú　棒球　야구

**②** 우리말을 참고로 이 단원에서 배운 단어로 빈칸을 채우세요.

1. 오후에 연습해요. _____ liànxí.

2. 모레 오후에 다시 만나요. _____ xiàwǔ _____.

# 5. 중국어 발음

## ⭐1 경성의 높낮이 02-6

경성의 높이는 앞의 성조에 따라 결정되죠.
1, 2, 3, 4성 뒤에 오는 경성의 높이를 살펴볼까요?

### 제1성 + 경성

māma

gēge

bēizi

### 제2성 + 경성

xuésheng

péngyou

míngzi

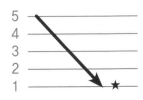

### 제3성 + 경성

nǐmen

wǒmen

běnzi

### 제4성 + 경성

mèimei

dìdi

dàifu

똑같은 한자로 된 단어라도 경성으로 읽느냐 그렇지 않느냐에 따라 뜻이 달라지는 경우가 있어요.

| | | | | |
|---|---|---|---|---|
| 东西 | dōngxī | 동쪽과 서쪽 | dōngxi | 물건 |
| 告诉 | gàosù | 고소하다 | gàosu | 알려주다 |

## ⭐2 한어병음 표기법

(1) 알파벳 소문자로 표기한다.

大 dà 크다 好 hǎo 좋다

(2) 하나의 단어를 이루는 글자는 붙여서 표기한다.

面包 miànbāo 빵 今天 jīntiān 오늘

(3) 문장의 첫 글자나 고유명사 첫 글자는 알파벳 대문자로 표기한다.

你好! Nǐ hǎo! 안녕하세요!

北京 Běijīng 베이징

(4) 인명은 성과 이름을 띄어 쓰고 각각의 첫 글자는 대문자로 표기한다.

李小龙 Lǐ Xiǎolóng 이소룡

## ✦3 격음부호

a, o, e로 시작하는 음절이 다른 음절 뒤에 오면 명확한 구분을 위해 ' 를 표기하는데 이를 격음부호라고 한다.

| | | |
|---|---|---|
| kě'ài | 可爱 | 귀엽다 |
| Tiān'ānmén | 天安门 | 톈안먼(천안문) |

## ✦4 不의 성조 변화  02-7

不 bù는 원래 4성이지만 뒤에 오는 글자 성조에 따라 성조를 바꿔서 발음해요.

| | | | | |
|---|---|---|---|---|
| | 1성 | bù chī | 不吃 | 먹지 않다 |
| bù + | 2성 | bù lái | 不来 | 오지 않다 |
| | 3성 | bù mǎi | 不买 | 사지 않다 |

| | | | | |
|---|---|---|---|---|
| | | bú kàn | 不看 | 보지 않다 |
| • bú + | 4성 | bú qù | 不去 | 가지 않다 |
| | | bú guì | 不贵 | 비싸지 않다 |

## 5 一의 성조 변화 02-8

숫자 一(yī)를 서수나 단독으로 읽을 때는 1성으로 발음해요.
하지만 一가 다른 글자와 만나면 성조가 달라집니다.

### (1) 1성으로 발음되는 경우

| | | |
|---|---|---|
| yī | 一 | 하나, 숫자 1 |
| yī yuè | 一月 | 1월 |
| dì yī yè | 第一页 | 1페이지 |

### (2) 성조 변화가 있는 경우

| | | | | | |
|---|---|---|---|---|---|
| | | **1성** | yìtiān | 一天 | 하루 |
| yì | + | **2성** | yìnián | 一年 | 일년 |
| | | **3성** | yìqǐ | 一起 | 함께 |

| | | | | | |
|---|---|---|---|---|---|
| yí | + | **4성** | yídìng | 一定 | 틀림없이, 반드시 |
| | | **경성** | yí ge | 一个 | 한 개 |

# Nǐ hǎo!

# 你好!

안녕하세요!

## 학습 포인트

1. 만났을 때의 인사말
2. 3성의 성조 변화(3성의 중첩)

 Nǐ hǎo!　你好!

 Nǐ hǎo!　你好!

안녕!

 안녕!

03-2

## 단어

| | | | |
|---|---|---|---|
| nǐ | 你 | 대 | 너, 당신 |
| hǎo | 好 | 형 | 좋다 |

# 어법노트

## ★1 3성의 중첩

두 개 이상의 제3성 음절을 이어서 읽을 때, 앞의 음절을 2성으로 읽어요.

| 제3성 | + | 제3성 | → | 제2성 | + | 제3성 |
| --- | --- | --- | --- | --- | --- | --- |
| ∨ | | ∨ | → | ／ | + | ∨ |

Nǐ hǎo!  你好!  안녕하세요!  →  Ní hǎo!

Hěn hǎo.  很好。  아주 좋아요.  →  Hén hǎo.

## ★2 你好!

你好! Nǐ hǎo! 는 중국어 인사말로 언제 어디서든 누구와 나눌 수 있는 인사표현입니다. 다만 중국어에는 존댓말이 없기 때문에 你好!라는 인사말을 번역할 때는 상대에 따라 반말과 존댓말로 구분해서 쓰도록 하세요.

## ★3 您好!

중국어에는 존댓말이 없지만 나의 마음(心) 위에 상대방(你)을 올려놓는다는 뜻의 유일한 존대 표현인 2인칭 대명사 您 nín이 있어요. 공식적인 자리에서나 지위가 높은 사람들을 만날 때는 您好! Nín hǎo!라고 인사하며 상대방에 대한 존경을 표현할 수 있어요.

A: Nín hǎo!  您好!  안녕하세요!

B: Nín hǎo!  您好!  안녕하세요!

## ★4 성조표기

운모가 여러 개일 경우 입을 제일 크게 벌리는 운모 위에 성조를 표기합니다. 그래서 好 hǎo도 a자리에 성조 표기를 한 거죠. (입을 크게 벌리는 운모의 순서: a > o · e > i · u · ü )

xiè  谢 감사합니다          tiān  天 하늘

✳ **큰 소리로 따라 읽어 보세요.**

## 운모 i 와 ao

**i (이)**

| | | | |
|---|---|---|---|
| ī | í | ǐ | ì |
| yī | yí | yǐ | yì |
| nī | ní | nǐ | nì |
| jī | jí | jǐ | jì |

> **Tip**
>
> (운모 i를 단독으로 표기할 때는 yi로 표기)

**ao (아오)**

| | | | |
|---|---|---|---|
| āo | áo | ǎo | ào |
| hāo | háo | hǎo | hào |
| chāo | cháo | chǎo | chào |

**1**

| nǐ | 你 | 너, 당신 |
| --- | --- | --- |
| Nǐ hǎo! | 你好! | 안녕! |

**2**

| nín | 您 | 당신 |
| --- | --- | --- |
| Nín hǎo! | 您好! | 안녕하세요! |

**3**

| dàjiā | 大家 | 여러분 |
| --- | --- | --- |
| Dàjiā hǎo! | 大家好! | 여러분, 안녕하세요! |

| | | |
|---|---|---|
| nǐmen | 你们 | 당신들, 여러분 |
| Nǐmen hǎo! | 你们好! | 여러분, 안녕하세요! |

| | | |
|---|---|---|
| lǎoshī | 老师 | 선생님 |
| Lǎoshī hǎo! | 老师好! | 선생님, 안녕하세요! |

| | | |
|---|---|---|
| tóngxuémen | 同学们 | 반 친구들 |
| Tóngxuémen hǎo! | 同学们好! | |
| | | 반 친구들, 안녕! |

**연습문제** 03-5

**1** 발음을 듣고 성조를 연습해 보세요.

yī　　yí　　yǐ　　yì

nī　　ní　　nǐ　　nì

hāo　háo　hǎo　hào

dā　　dá　　dǎ　　dà

**2** 발음을 듣고 성조를 표기하세요.

1. ni

2. nin

3. hao

4. Ni hao!

5. Nin hao!

6. Dajia hao!

## 간체자 쓰기

| 你 nǐ 대 너, 당신 | 你 | | | | | | |
|---|---|---|---|---|---|---|---|
| | | | | | | | |

| 您 nín 대 당신(존칭) | 您 | | | | | | |
|---|---|---|---|---|---|---|---|
| | | | | | | | |

| 好 hǎo 형 좋다 | 好 | | | | | | |
|---|---|---|---|---|---|---|---|
| | | | | | | | |

| 大家 dàjiā 명 여러분 | 大 | 家 | | | | | |
|---|---|---|---|---|---|---|---|
| | | | | | | | |

# 중국문화 알리바바 阿里巴巴

## '중국의 시, 도, 군'

중국의 전체 면적은 약 960만 평방킬로미터로 한반도보다 44배나 크고요, 세계에서는 러시아, 캐나다, 미국에 이어 4위를 차지하죠. 우리나라에 시, 도 군처럼 중국은 전국을 성, 현, 향 또는 진 이렇게 세 개의 등급으로 나누고 있습니다. 성은 우리나라 도에 해당하는데요, 중국에는 자국 영토라고 주장하는 대만을 포함하여 총 23개의 성이 있고, 5개의 소수민족자치구, 북경, 천진, 상해, 중경 등 4개의 직할시 그리고 홍콩, 마카오 등 2개의 특별행정구가 있습니다.

이런 행정지역마다 약칭이 있는데요, 예를 들어, 북경은 경(京 Jìng), 상해는 호(滬 Hù)라는 약칭을 써요. 중국 자동차 번호판은 행정구역 약칭을 번호판 처음 글자로 표기합니다.

# UNIT 4

# Zǎoshang hǎo!

## 早上好!

좋은 아침입니다!

### 학습 포인트

1. 아침, 점심, 저녁의 인사말
2. 3성과 경성의 발음

 Zǎoshang hǎo!    早上好!

 Zǎo'ān!        早安!

좋은 아침입니다!

 굿모닝!

04-2

| zǎoshang | 早上 | 명 | 아침 |
| zǎo | 早 | 명 | 아침 |
| ān | 安 | 형 | 안녕하다 |

# 어법노트

## **1** 3성 + 경성

제3성 글자 다음에 경성이 오면 앞의 3성 성조의 글자는 3성의 내려가는 부분만 발음해요. 이것을 반3성이라고 하는데 이는 3성 다음에 1성, 2성, 4성 글자가 와도 마찬가지입니다.

| nǎinai | 奶奶 | 할머니 |
| jiějie | 姐姐 | 누나, 언니 |
| yǐzi | 椅子 | 의자 |

**Tip** 早 zǎo와 早上 zǎoshang은 같은 말인데요, 上 shàng은 원래 4성으로 발음하지만, 早上 같은 단어에서처럼 접미사로 쓰여 특별한 뜻을 가지지 않을 때에는 경성으로 발음합니다.

## 발음연습 04-3

✳ 큰 소리로 따라 읽어 보세요.

### 운모 an 과 ang

**an (아안)**

| | | | |
|---|---|---|---|
| ān | án | ǎn | àn |
| fān | fán | fǎn | fàn |
| sān | sán | sǎn | sàn |

**ang (아앙)**

| | | | |
|---|---|---|---|
| āng | áng | ǎng | àng |
| fāng | fáng | fǎng | fàng |
| shāng | sháng | shǎng | shàng |

## 확장연습 아침, 점심, 저녁의 인사말 04-4

**1**

| zǎoshang/zǎo | 早上/早 | 아침 |
|---|---|---|
| Zǎoshang hǎo! | 早上好! | 좋은 아침! |
| Zǎo'ān! | 早安! | 굿모닝! |

**2**

| zhōngwǔ | 中午 | 점심 |
|---|---|---|
| Zhōngwǔ hǎo! | 中午好! | 좋은 오후! |

**3**

wǎnshang      晚上      저녁

Wǎnshang hǎo!      晚上好!      좋은 저녁!

**4**

wǎn      晚      저녁

Wǎn'ān!      晚安!      안녕히 주무세요!

 **Tip**    晚과 晚上은 같은 말인데요, 접미사로 쓰인 上은 경성으로 발음해요.

**1** 발음을 듣고 성조를 표기하세요.

1. nainai

2. jiejie

3. yizi

4. wanshang

**2** 한자를 보고 한어병음을 쓰세요.

1. 早 _____

2. 早上 _____

3. 好 _____

4. 早安 _____

## 간체자 쓰기

早上
**zǎoshang**
명 아침

| 早 | 上 | | | | | |
|---|---|---|---|---|---|---|
| | | | | | | |

安
**ān**
형 안녕하다

| 安 | | | | | | |
|---|---|---|---|---|---|---|
| | | | | | | |

中午
**zhōngwǔ**
명 점심

| 中 | 午 | | | | | |
|---|---|---|---|---|---|---|
| | | | | | | |

晚上
**wǎnshang**
명 저녁

| 晚 | 上 | | | | | |
|---|---|---|---|---|---|---|
| | | | | | | |

## 중국문화 알리바바 阿里巴巴

# 중국(中国 Zhōngguó), 중화(中华 Zhōnghuá)

중국 국토의 기본 골격은 서고동저, 즉 서쪽은 높고, 동쪽은 낮은데요. 그래서 중국 대부분의 하천이 서쪽에서 동쪽으로 흐르죠. 중국을 대표하는 강으로는 양쯔강(장강), 황하, 흑룡강, 주강을 들 수 있어요. 양쯔강이 단연 중국의 제일 크고 긴 강으로 꼽히죠.

중국인들은 양쯔강과 황하를 중국민족의 요람으로 생각하는데요, 오늘날 황하 중하류 일대를 중원(中原)이라고 하는데, 사실 '중원'에는 '세상의 중심'이란 뜻도 있어요. 중국의 공식 명칭은 중화인민공화국이지만 중국 또는 중화(中华)라고도 불리는데, 중국인들은 자신의 국가가 세상의 중심에 있다고 생각하기 때문에 지어진 이름이에요.

황하

# Nǐ hǎo ma?

## 你好吗?

잘 지내시죠?

학습 포인트

1. 안부 묻고 답하기
2. 3성이 연달아 있을 때의 발음

 Nǐ hǎo ma?　　　　　你好吗?

 Wǒ hěn hǎo. Xièxie!　我很好。谢谢!

잘 지내지?

 난 잘 있어. 고마워!

 05-2

| ma | 吗 | 조 | ~까? ~요? (의문문 문장 끝에 붙이는 조사) |
| wǒ | 我 | 대 | 나 |
| hěn | 很 | 부 | 매우 |
| xièxie | 谢谢 | 동 | 감사합니다 |

# 어법노트

## ☆1 ~吗?

吗 ma는 문장 끝에 놓여 의문문을 만드는 조사인데요, 단어나 평서문 다음에 吗를 넣으면 의문문이 되죠. 你好吗? Nǐ hǎo ma?는 '잘 지내시죠?'라는 뜻으로 이미 알고 있는 사람에게 안부를 묻는 인사말입니다. 처음 만나는 사람에게 쓰지는 않습니다.

你好 Nǐ hǎo (당신은 잘 지낸다)  +  吗 ma (~까? ~요?) → (당신은) 잘 지내시죠?

## ☆2 3성이 3개 이상 나올 때

3성 글자가 두 개 연이어 나오면 앞의 3성을 2성으로 읽어요.

| 제3성 + 제3성 → 제2성 + 제3성 |
| ∨   ∨ → ／ + ∨ |

Nǐ hǎo! 你好! 안녕하세요! → Ní hǎo!

Hěn hǎo. 很好。 아주 좋아요. → Hén hǎo

하지만 3성 글자가 세 개가 나올 때는 단어의 의미별로 끊어 읽어야 하는데, 첫번째와 두번째 글자를 묶는 경우와 두 번째와 세 번째 글자를 묶는 경우가 있습니다. 아래의 보기와 같이 성조가 변화하여 발음됩니다.

(1) 展览馆 전시 + 관 (展览 / 馆)

zhǎn lǎn guǎn ⋯▸ zhán lǎn guǎn ⋯▸ zhán lán guǎn

(2) 我很好。 나는 + 아주 좋아요. (我 / 很好。)

Wǒ + hěn hǎo. ⋯▸ Wǒ + hén hǎo.

## ☆3 경성

경성은 글자가 원래 가지고 있던 성조를 무시하고 가볍고 짧게 발음하는 것을 말합니다.

bàba      爸爸 아빠

māma      妈妈 엄마

gēge      哥哥 오빠, 형

Xièxie!    谢谢! 감사합니다!

 발음연습 05-3

✳ 큰 소리로 따라 읽어 보세요.

### 음의 구별(성모, 운모, 성조의 구별)

| | | | |
|---|---|---|---|
| bāo | báo | bǎo | bào |
| māo | máo | mǎo | mào |
| gāo | gǎo | | |
| dáo | táo | | |
| pēn | pén | pèn | |

### 두 음절 연속으로 읽기

nǐ hǎo

tā hǎo

bù hǎo

dà yú

**1**

| mãma | 妈妈 | 엄마 |
|---|---|---|
| Māma hǎo ma? | 妈妈好吗? | |
| | 어머님 잘 지내시죠? | |

**2**

| bàba | 爸爸 | 아빠 |
|---|---|---|
| Bàba hǎo ma? | 爸爸好吗? | |
| | 아버님 잘 지내시죠? | |

3

gēge          哥哥       오빠, 형

Gēge hǎo ma?     **哥哥好吗?**

형님 잘 지내시죠?

4

jiějie          姐姐       언니, 누나

Jiějie hǎo ma?    **姐姐好吗?**

누님 잘 지내시죠?

---

🐾Tip    이러한 안부의 대답으로는 주어를 생략하고 Hěn hǎo. 很好。(잘 지내요.)라고 말하면 돼요.

**1** 녹음을 듣고 성조를 표기하세요.

1. Ni hao ma?

2. Wo hen hao.

3. Xiexie!

4. jiejie

5. gege

**2** 한자를 보고 한어병음을 쓰세요.

1. 你好吗? _____

2. 我很好。 _____

3. 谢谢! _____

4. 妈妈好吗? _____

| 吗 | | | | | | |
|---|---|---|---|---|---|---|
| | | | | | | |

吗
ma
조 ~까?

| 我 | | | | | | |
|---|---|---|---|---|---|---|
| | | | | | | |

我
wǒ
대 나

| 很 | | | | | | |
|---|---|---|---|---|---|---|
| | | | | | | |

很
hěn
부 매우

| 谢 | 谢 | | | | | |
|---|---|---|---|---|---|---|
| | | | | | | |

谢谢
Xièxie
동 감사합니다

UNIT 5 잘 지내시죠? **77**

## 중국문화 알리바바 阿里巴巴

# 중국의 다양한 기후

중국은 광활한 지역만큼이나 복잡 다양한 기후를 가지고 있습니다. 베이징, 톈진 같은 중국 북부지역은 겨울에 얼음으로 꽁꽁 얼지만, 광둥성이나 하이난 같은 중국 남부 지역 사람들은 따뜻하여 반팔옷을 입고 다닙니다. 서부 지역은 일년 내내 푸른 하늘이 보이지만, 같은 때 동남 연해지역은 비가 주룩주룩 내리는 등 다양한 기후 군을 동시에 갖고 있습니다.

### 중국 일기예보에 자주 등장하는 표현들

- 晴 qíng 맑다
- 阴 yīn 흐리다
- 多云 duō yún 구름이 많다

중국의 남방 지역

중국의 동남 연해 지역

중국의 북방 지역

중국의 서부 지역

# Xièxie!

## 谢谢!

감사합니다!

**학습 포인트**

1. 감사와 답례의 표현
2. 不의 성조 변화

 Xièxie nǐ!　谢谢你!

 Bú kèqi.　不客气。

감사합니다!

 별말씀을요.

06-2

| bù | 不 | 부 | 아니다 |
| kèqi | 客气 | 동 | 사양하다, 체면을 차리다 |

 어법노트

### ⭐1 不의 성조 변화

不 bù는 원래 4성이지만, 뒤에 오는 글자가 4성이면 성조를 2성으로 바꿔서 발음해요.

(1) 不 + 1성, 2성, 3성

| bù | chī | 不吃 | 먹지 않다 |
|----|-----|------|----------|
|    | lái | 不来 | 오지 않다 |
|    | hǎo | 不好 | 좋지 않다 |

(2) 不 + 4성

bù(4성) kèqi → bú(2성) + kèqi     不客气。 사양하지 마세요. (별말씀을요.)

### ⭐2 별말씀을요.

감사에 대한 답례의 표현 不客气。Bú kèqi.는 别客气. Bié kèqi. 不用谢! Bú yòng xiè!라고도 하는데요, 이때 客气 kèqi는 사양하다는 뜻으로, '～하지 마세요'라는 의미의 不 bù와 别 bié와 합쳐져 '사양하지 마세요.(별말씀을요)'라는 뜻이 됩니다.

| Bú kèqi. | 不客气。 | ⎤ |
|----------|----------|---|
| Bié kèqi. | 别客气。 | ⎬ 별말씀을요. |
| Bú yòng xiè! | 不用谢! | ⎦ |

## 발음연습 06-3

✳ 아래의 발음을 큰 소리로 따라 읽어 보세요.

### 운모 ie 와 e 발음 구별하기

xièxie     xiěxìn     jiějie

jiějué     jièshào

kēxué     kèqi     kèrén

kělè     kěshì

 **1**

| | | |
|---|---|---|
| xiè | 谢 | 고맙다 |
| Xièxie. | 谢谢。 | 고맙습니다. |

 **2**

| | | |
|---|---|---|
| nǐ | 你 | 너, 당신 |
| Xièxie nǐ. | 谢谢你。 | 당신께 감사드려요. |

 **3**

| | | |
|---|---|---|
| duō | 多 | 많다 |
| Duō xiè. | 多谢。 | 많이 감사합니다. |

 **4**

| | | |
|---|---|---|
| fēicháng | 非常 | 대단히 |
| gǎnxiè | 感谢 | 감사하다 |
| Fēicháng gǎnxiè. | 非常感谢。 | 대단히 감사합니다. |

## 답례의 표현

**1**

| bù | 不 | 아니다 |
| Bú kèqi. | 不客气。 | 별말씀을요. |

**2**

| bié | 别 | ~하지 마라 |
| Bié kèqi. | 别客气。 | 별말씀을요. |

**3**

| bú yòng | 不用 | ~할 필요 없다 |
| Bú yòng xiè. | 不用谢。 | 별말씀을요. |

**4**

| méi | 没 | 없다 |
| shénme | 什么 | 무엇 |
| Méi shénme. | 没什么。 | 별말씀을요. |

**1** 발음을 듣고 성조를 표기하세요.

1. keqi

2. qiti

3. keren

4. xiexie

**2** 한자를 보고 한어병음을 쓰세요.

1. 不客气。 _____

2. 不用谢。 _____

3. 谢谢你。 _____

4. 非常感谢。 _____

간체자 쓰기

| | | | | | |
|---|---|---|---|---|---|
| **不客气**<br>bú kèqi<br>별말씀을요 | 不 | 客 | 气 | | |
| | | | | | |

| | | | | | |
|---|---|---|---|---|---|
| **多**<br>duō<br>형 많다 | 多 | | | | |
| | | | | | |

| | | | | | |
|---|---|---|---|---|---|
| **非常**<br>fēicháng<br>부 굉장히 | 非 | 常 | | | |
| | | | | | |

| | | | | | |
|---|---|---|---|---|---|
| **感谢**<br>gǎnxiè<br>동 감사하다 | 感 | 谢 | | | |
| | | | | | |

# 중국 대학 시험(高考 gāokǎo)과 학기

중국에는 총 2,845개의 대학이 있는데요. 우리나라에 대학 수가 총 340개인데 비해 무려 열배에 가까운 수에 해당할 만큼 엄청납니다. 대학이 많다보니 중국판 대입시험 '가오카오 **高考 gāokǎo**' 에도 엄청난 수험생이 몰리는데요, 해마다 무려 1천만 명에 가까운 수험생이 응시하다보니 아무리 철통 경비를 해도 부정행위는 사라지지 않고 있습니다. 중국의 학기는 우리나라와 달리 9월 입학 · 6월 졸업이고, 매년 여름에 대졸자들이 대거 배출되면서 취업 전쟁이 시작됩니다.

북경이공대학교

# Bù hǎo yìsi!

# 不好意思!

죄송합니다!

## 학습 포인트

1. 사과와 답례의 표현
2. 没有의 용법

 Bù hǎo yìsi!　　不好意思!

 Méi guānxi.　　没关系。

죄송해요!

 괜찮습니다.

07-2

| yìsi | 意思 | 명 | 뜻, 의미 |
| méi(yǒu) | 没(有) | 부 | 없다 |
| guānxi | 关系 | 명 | 관계 |

# 어법노트

## 1 사과의 표현

Bù hǎo yìsi! 不好意思! 죄송합니다!

Duìbuqǐ! 对不起! 미안합니다!

 **Tip** 对不起! Duìbuqǐ! 처럼 不가 글자 사이에 오면 경성으로 발음해요.

## 2 사과의 답례 표현

Méi guānxi. 没关系。 ┐
Méi shìr. 没事儿。 ┘ 괜찮습니다.

## 3 부정의 표현 不와 没(有)

(1) 동사나 형용사 부정은 不

  • 동사

  chī 吃 먹다 ↔ bù chī 不吃 먹지 않다

  ài 爱 사랑하다 ↔ bú ài 不爱 사랑하지 않다

  • 형용사

  hǎo 好 좋다 ↔ bù hǎo 不好 좋지 않다

  è 饿 배고프다 ↔ bú è 不饿 배고프지 않다

(2) 존재와 소유를 나타내는 有 yǒu, 부정은 没有 méiyǒu

  yǒu 有 있다(존재), 가지고 있다(소유) ↔ méiyǒu 没有 없다, 가지고 있지 않다

 **Tip** 不 bù는 원래 4성이지만, 뒤에 오는 글자가 4성이면 2성으로 변해요.
〈10-4. 不의 성조 변화 47p 참조〉

✳ 큰 소리로 따라 읽어 보세요.

### 성모

| | | | | |
|---|---|---|---|---|
| 1. | b/p | bi | pi | bai | pai |
| 2. | d/t | da | ta | deng | teng |
| 3. | z/zh | za | zha | zui | zhui |
| 4. | c/ch | ci | chi | ca | cha |
| 5. | s/sh | si | shi | sa | sha |
| 6. | l/r | lan | ran | lao | rao |

### 운모

1. u/ü     bu   nü   ju   qu   xu

2. an/ia/ian   ban   jia   jian

3. uan/üan   duan   tuan   juan   quan

4. un/ün   dun   tun   zun   cun   jun   qun   xun

### 1  bù 不 ~하지 않다

| | | |
|---|---|---|
| Bù hǎo yìsi! | 不好意思! | 죄송합니다! |
| Duìbuqǐ! | 对不起! | 미안합니다! |

### 2  bù 不 ~하지 않다

| | | |
|---|---|---|
| Bù xíng. | 不行。 | 안 돼요. |
| Bú shì. | 不是。 | 아닙니다. |

**3** méi 没  없다, 가지고 있지 않다

| Méi guānxi. | 没关系。 | 괜찮습니다. |
| Méi shìr. | 没事儿。 | 괜찮습니다. |

**4** méi 没  없다, 가지고 있지 않다

| méiyǒu | 没有 | 없다 |
| méi jìn | 没劲 | 기운이 없다 |

**1** 발음을 듣고 성조를 표기하세요.

1. ma

2. dai

3. man

4. man

5. ba

6. ting

7. neng

8. lai

9. ku

10. ku

**2** 대화를 듣고 한어병음을 완성하세요.

1. A: 早上好! _____!

   B: 早安! Zǎo'ān!

2. A: 你好! _____!

   B: 你好! _____!

3. A: 不好意思! Bù hǎo yìsi!

   B: 没关系。_____.

4. A: 谢谢你! _____!

   B: 不客气。Bú kèqi.

意思
yìsi
명 뜻, 의미

| 意 | 思 | | | | | |
|---|---|---|---|---|---|---|
| | | | | | | |

没
méi
부 없다

| 没 | | | | | | |
|---|---|---|---|---|---|---|
| | | | | | | |

关系
guānxi
명 관계

| 关 | 系 | | | | | |
|---|---|---|---|---|---|---|
| | | | | | | |

对不起
duìbuqǐ
미안합니다

| 对 | 不 | 起 | | |
|---|---|---|---|---|
| | | | | |

# 중국문화 알리바바 阿里巴巴

## 중국어의 방언

중국어의 방언은 분류에 따라 7-8가지로 나누어질 수 있는데요, 크게 (1) 중국의 표준어(중국에서는 '표준어'를 '보통화(普通话 pǔtōnghuà)'인 북경어를 대표로 하고, 사용 인구도 전체 한족(汉族)의 73%를 차지하는 북방 방언, (2) 상하이시와 장쑤성 등지에서 쓰이는 오 방언, (3) 후난성에 분포돼 있는 상 방언, (4) 장시성에 분포돼 있는 공 방언, (5) 광둥성 매이현 말을 대표로 하는 객가(客家) 방언, (6) 푸젠성과 하이난성 일대에서 사용되는 민 방언, (7) 광저우 말을 대표로 하는 월 방언, 이렇게 일곱 가지로 나눌 수 있습니다.

중국 방언은 방언간의 비슷한 점 없이 외국어 수준에 가깝기 때문에 중국인들끼리 의사소통을 할 때는 표준어인 북경어를 사용하죠.

# Zài jiàn!

# 再见!

또 만나요!

1. 헤어질 때의 인사말
2. 4성이 연달아 있을 때의 발음

 Zài jiàn!    再见!

 Zài jiàn!    再见!

안녕히 계세요!

 또 만나요!

 08-2

| zài | 再 | 부 또 |
| jiàn | 见 | 동 만나다 |

 **어법노트**

### ⭐1 4성이 연달아 있을 때의 발음

두 개 이상의 제4성 음절을 이어서 읽을 때, 앞의 음절은 짧고, 뒤의 음절은 앞 음절보다 길게 읽어요.

제4성 + 제4성 ➜ 제4성 + 제4성
＼　　 ＼ ➜ ＼ + ＼

Zài jiàn!　再见!　안녕히 계세요!

fàndiàn　饭店　호텔

### ⭐2 다양한 작별인사

· Míngtiān jiàn!　　明天见!　　내일 뵙겠습니다!

· Yíhuìr jiàn!　　一会儿见!　이따 뵙겠습니다!

· Huítóu jiàn!　　回头见!　　조금 있다 뵙겠습니다!

· A: Màn zǒu!　　慢走!　　천천히 가세요!

　B: Bié sòng le.　别送了。　나오지 마세요.

### 🐼 보충단어 08-3

| | | | | | |
|---|---|---|---|---|---|
| · míngtiān | 明天 | 명 내일 | · yíhuìr | 一会儿 | 부 잠시 뒤 |
| · huítóu | 回头 | 부 잠시 후에 | · màn | 慢 | 형 천천히 |
| · zǒu | 走 | 동 걷다 | · bié ~ le | 别…了 | ~하지 마라 |
| · sòng | 送 | 동 배웅하다 | | | |

## 발음연습 08-4

✳ 큰 소리로 따라 읽어 보세요.

**4성과 다른 성조의 조합**

| | | | |
|---|---|---|---|
| • 제4성 + 제1성 | qìchē | 汽车 | 자동차 |
| | hòutiān | 后天 | 모레 |
| • 제4성 + 제2성 | dàlóu | 大楼 | 건물 |
| | dìtú | 地图 | 지도 |
| • 제4성 + 제3성 | bànfǎ | 办法 | 방법 |
| | xiàwǔ | 下午 | 오후 |
| • 제4성 + 제4성 | Zài jiàn! | 再见! | 안녕히 계세요! |
| | fàndiàn | 饭店 | 호텔 |
| • 제4성 + 경성 | bàba | 爸爸 | 아버지 |
| | dìdi | 弟弟 | 남동생 |

**1**

A: Zài jiàn!    再见!    안녕히 계세요!

B: Zài jiàn!    再见!    또 만나요!

**2**

A: Míngtiān jiàn!    明天见!    내일 뵙겠습니다!

B: Míngtiān jiàn!    明天见!    내일 만나요!

**3**

A: Yíhuìr jiàn!　　一会儿见!
이따 뵙겠습니다!

B: Huítóu jiàn!　　回头见!
조금 있다 뵙겠습니다!

**4**

A: Màn zǒu!　　慢走!　　천천히 가세요!

B: Bié sòng le.　　别送了。　　나오지 마세요.

**1** 발음을 듣고 성조를 표기하세요.

1. qiche
2. houtian
3. ditu
4. banfa
5. xiawu
6. fandian
7. Zai jian!
8. baba

**2** 뒤에 나온 글자의 성조를 참고로 一와 不의 성조를 정확히 표기하세요.

1. 一刻      yi kè      15분

2. 一年      yi nián      일 년

3. 不是      bu shì      아니다

4. 不看      bu kàn      보지 않다

再
zài
부 또

见
jiàn
동 만나다

走
zǒu
동 걷다

送
sòng
동 배웅하다

# 중국문화 알리바바 <sup>阿里巴巴</sup>

## 간체자 만드는 방법

중국은 1057년 국무원이 《〈한자간화방안 汉字简化方案〉》을 발표한 이래, 총 네차례 수정 · 보완을 거쳐 완성되었는데요, 간체자는 아래의 방법으로 완성되었습니다.

1. 한자의 왼쪽이나 오른쪽 중 복잡한 모양을 가진 한 부분을 간략하게 바꾼다.
   優 (뛰어날 우) → 优 yōu 뛰어나다

2. 같은 발음의 간단한 모양의 한자로 바꾼다.
   後 (뒤 후) → 后 hòu 뒤

3. 간략한 모양의 초서체나 행서체의 형태로 바꾼다.
   長 (긴 장) → 长 cháng 길다

4. 간단한 부호를 사용한다.
   漢 (한나라 한) → 汉 hàn 한나라

5. 글자의 특징을 사용한다.
   飛 (날 비) → 飞 fēi 날다

6. 두 가지 한자의 뜻과 음을 합치거나 뜻과 뜻을 합쳐서 새로운 글자를 만드는 방법을 사용한다.
   筆 (붓 필) → 笔 bǐ 펜

# Jīntiān jǐ hào?

# 今天几号?

오늘은 며칠이죠?

학습 포인트

1. 중국어 숫자
2. 숫자를 표현하는 손동작
3. 날짜 묻고 답하기

 Jīntiān jǐ hào?　　　今天几号?

 Sān shí hào.　　　三十号。

오늘은 며칠이죠?

 30일입니다.

09-2

| jīntiān | 今天 | 명 | 오늘 |
|---------|------|-----|------|
| jǐ | 几 | 대 | 몇 |
| hào | 号 | 명 | 일 |
| sān | 三 | 수 | 숫자 3 |
| shí | 十 | 수 | 숫자 10 |

# 어법노트

### ⭐1 숫자와 숫자 손동작

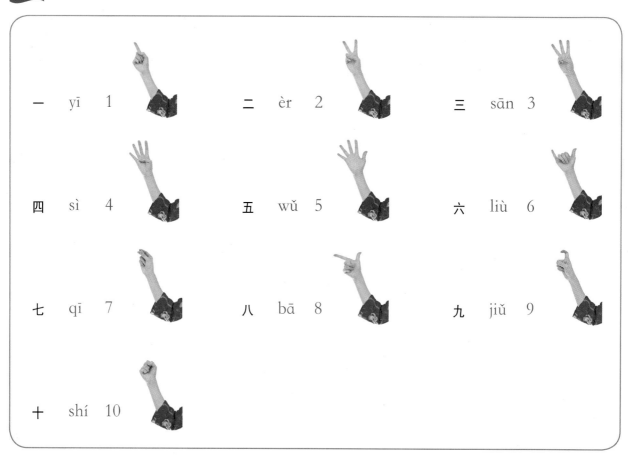

| | | | | | | | | |
|---|---|---|---|---|---|---|---|---|
| 一 yī 1 | | 二 èr 2 | | 三 sān 3 | | | | |
| 四 sì 4 | | 五 wǔ 5 | | 六 liù 6 | | | | |
| 七 qī 7 | | 八 bā 8 | | 九 jiǔ 9 | | | | |
| 十 shí 10 | | | | | | | | |

### ⭐2 날짜를 묻고 답할 때

날짜를 물을 때는 의문대사 几 jǐ (몇)를 사용해서 질문합니다.

(1) A: Jīntiān jǐ hào?　　　今天几号?　　　오늘은 며칠이죠?

　　B: Sān shí hào.　　　三十号。　　　30일입니다.

(2) A: Míngtiān jǐ hào ?　　　明天几号?　　　내일 며칠이죠?

　　B: Èr shí sān hào.　　　二十三号。　　　23일입니다.

✳ 큰 소리로 따라 읽어 보세요.

## 1성과 다른 성조의 조합

| | | | |
|---|---|---|---|
| • 제1성 + 제1성 | kāfēi | 咖啡 | 커피 |
| | jīntiān | 今天 | 오늘 |
| • 제1성 + 제2성 | Zhōngguó | 中国 | 중국 |
| | fēicháng | 非常 | 굉장히 |
| • 제1성 + 제3성 | fāzhǎn | 发展 | 발전하다 |
| | gāngbǐ | 钢笔 | 만년필 |
| • 제1성 + 제4성 | chūqù | 出去! | 나가다 |
| | bāngzhù | 帮助 | 돕다 |
| • 제1성 + 경성 | māma | 妈妈 | 엄마 |
| | gēge | 哥哥 | 오빠, 형 |

1

A: Zuótiān jǐ hào?　昨天几号?
어제는 며칠이었죠?

B: Shí sì hào.　十四号。
14일입니다.

2

A: Jīntiān jǐ hào?　今天几号?
오늘은 며칠이죠?

B: Shí wǔ hào.　十五号。
15일입니다.

**3**

A: Míngtiān jǐ hào?  明天几号?

내일은 며칠이죠?

B: Shí liù hào.  十六号。

16일입니다.

**4**

A: Hòutiān jǐ hào?  后天几号?

모레는 며칠이죠?

B: Shí qī hào.  十七号。

17일입니다.

보충단어 09-5

| • qiántiān | 前天 | 명 그제 | • zuótiān | 昨天 | 명 어제 |
|---|---|---|---|---|---|
| • jīntiān | 今天 | 명 오늘 | • míngtiān | 明天 | 명 내일 |
| • hòutiān | 后天 | 명 모레 | | | |

**1** 다음 숫자를 읽어보고, 손동작도 해보세요.

| 一 | 二 | 三 | 四 | 五 |
|----|----|----|----|----|
| yī | èr | sān | sì | wǔ |

| 六 | 七 | 八 | 九 | 十 |
|----|----|----|----|----|
| liù | qī | bā | jiǔ | shí |

**2** 발음을 듣고 성조를 표기하세요.

1. zuotian

2. jintian

3. mingtian

4. qiantian

5. houtian

**3** 한자와 뜻을 보고 한어병음을 완성하세요.

1. A: Jīntiān jǐ hào?　今天几号?　오늘 며칠이죠?

　 B: _____hào.　二十四号。　24일입니다.

2. A: Zuótiān jǐ hào?　昨天几号?　어제는 며칠이었죠?

　 B: _____hào.　二十三号。　23일입니다.

3. A: Míngtiān jǐ hào?　明天几号?　내일 며칠이죠?

　 B: _____hào.　二十五号。　25일입니다.

今天
jīntiān
명 오늘

| 今 | 天 | | | | | |
|---|---|---|---|---|---|---|
| | | | | | | |

几
jǐ
대 몇

| 几 | | | |
|---|---|---|---|
| | | | |

号
hào
명 일

| 号 | | | |
|---|---|---|---|
| | | | |

三十
sān shí
수 숫자 30

| 三 | 十 | | | | | |
|---|---|---|---|---|---|---|
| | | | | | | |

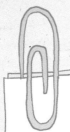

## 중국문화 알리바바 阿里巴巴

# 중국어 숫자 세기

숫자에도 저마다 의미가 있어요.

중국 사람들은 숫자에도 각각의 의미가 있다고 생각하는데요, 이는 동음이의어에 해당하는 해음현상(한자의 음이 같거나 비슷하여 같은 이미지를 연상하게 되는 현상) 때문이죠. 숫자의 발음을 생각하며 0~9까지의 의미를 알아볼까요?

| | | | | | | |
|---|---|---|---|---|---|---|
| 0 | 零 | líng | 零 | líng | 뛰어나다 |
| 1 | 一 | yī | 要 | yào | 원하다 |
| 2 | 二 | èr | 爱 | ài | 사랑하다 |
| 3 | 三 | sān | 想 | xiǎng | 보고 싶다, 그립다 |
| 4 | 四 | sì | 死 | sǐ | 죽다 |
| 5 | 五 | wǔ | 我 | wǒ | 나 |
| 6 | 六 | liù | 顺 | shùn | 순조롭다 |
| 7 | 七 | qī | 气 | qì | 화나다 |
| 8 | 八 | bā | 发 | fā | 많은 재물을 얻어 대박나다 |
| 9 | 九 | jiǔ | 久 | jiǔ | 오래 |

888 八八八 bā bā bā **发发发** fā fā fā
　　　　　　　　　　　대박!대박!대박!

520 五二零 wǔ èr líng **我爱你** Wǒ ài nǐ.
　　　　　　　　　　　나는 당신을 사랑합니다.

# Wǒ shì Chéng Lóng.

# 我是成龙。

저는 성룡입니다.

**학습 포인트**

1. 이름 말하기
2. 인칭대명사

 Wǒ shì Chéng Lóng.
我是成龙。

 Wǒ jiào Zhōu Xīngchí.
我叫周星驰。

저는 성룡입니다.

 저는 주성치라고 합니다.

| | | | |
|---|---|---|---|
| shì | 是 | 동 | ~은 …이다 (존재를 나타냄) |
| Chéng Lóng | 成龙 | 고 | 성룡 |
| jiào | 叫 | 동 | ~라고 불리다 |
| Zhōu Xīngchí | 周星驰 | 고 | 주성치 |

## 어법노트

### ⭐1 중국어 기본 어순과 이름 소개

중국어의 기본 어순은 S+V+O (주어+동사+목적어)입니다. 일반적으로 주어가 앞에 오고 술어가 뒤에 놓이는 주어+술어의 구조를 취합니다. 중국어로 이름을 소개할 때도 마찬가지죠. 이름을 소개할 때는 是 shì (~은 …이다) 또는 叫 jiào (~라고 불리다) 를 동사로 사용합니다.

| | | |
|---|---|---|
| Wǒ shì Chéng Lóng. | 我是成龙。 | 저는 성룡입니다. |
| Wǒ jiào Zhōu Xīngchí. | 我叫周星驰。 | 저는 주성치라고 합니다. |

### ⭐2 사람 이름의 한어병음 표기법

인명은 성과 이름을 띄어 쓰고 각각의 첫 글자는 대문자로 표기합니다.

| | | |
|---|---|---|
| Chéng Lóng | 成龙 | 성룡 |
| Zhōu Xīngchí | 周星驰 | 주성치 |

✳ 큰 소리로 따라 읽어 보세요.

## 2성과 다른 성조의 조합

| | | | |
|---|---|---|---|
| • 제2성 + 제1성 | tóngwū | 同屋 | 룸메이트 |
| | nánshēng | 男生 | 남학생 |
| • 제2성 + 제2성 | liúxué | 留学 | 유학하다 |
| | chángcháng | 常常 | 자주 |
| • 제2성 + 제3성 | niúnǎi | 牛奶 | 우유 |
| | píjiǔ | 啤酒 | 맥주 |
| • 제2성 + 제4성 | chéngshì | 城市 | 도시 |
| | chídào | 迟到 | 지각하다 |
| • 제2성 + 경성 | háizi | 孩子 | 아이 |
| | péngyou | 朋友 | 친구 |

**1**

A: Wǒ shì Chéng Lóng.      我是成龙。
저는 성룡입니다.

B: Nǐ shì Chéng Lóng.      你是成龙。
당신은 성룡입니다.

**2**

A: Tā shì Chéng Lóng.      他是成龙。
그는 성룡입니다.

B: Tā shì Chéng Měi      她是成美。
그녀는 성미입니다.

Tip

|  | 단수 |
|---|---|
| 1인칭 | wǒ 我 (나) |
| 2인칭 | nǐ 你 (너, 당신) |
| 3인칭 | tā 他 (그)<br>tā 她 (그녀) |

**3**

A: Wǒ jiào Zhōu Xīngchí.    我叫周星驰.
저는 주성치라고 합니다.

B: Nǐ jiào Zhōu Xīngchí.    你叫周星驰.
당신은 주성치입니다.

**4**

A: Tā jiào Zhōu Xīngchí.    他叫周星驰.
그는 주성치라고 합니다.

B: Tā jiào Zhōu Xīngxīng.    她叫周星星.
그녀는 주성성이라고 합니다.

**1** 녹음을 듣고 (1)～(5)의 한어병음을 대문자, 소문자에 주의하여 쓰세요.

(1) _____ (2) _____ Chéng Lóng.　我是成龙。

(3) _____ (4) _____ (5) _____ Xīngchí.　我叫周星驰。

**2** 발음을 듣고 성조를 표기하세요.

1. tongwu

2. liuxue

3. pengyou

4. niunai

5. pijiu

## 간체자 쓰기

| 是 shì 동 ~은 …이다 | 是 | | | | | | |
|---|---|---|---|---|---|---|---|
| | | | | | | | |

| 叫 jiào 동 ~라고 불리다 | 叫 | | | | | | |
|---|---|---|---|---|---|---|---|
| | | | | | | | |

| 他 tā 대 그 | 他 | | | | | | |
|---|---|---|---|---|---|---|---|
| | | | | | | | |

| 她 tā 대 그녀 | 她 | | | | | | |
|---|---|---|---|---|---|---|---|
| | | | | | | | |

## 중국의 건축 양식 사합원(四合院 sìhéyuàn)

사합원은 서주 시대 건설된 것으로 추정되는데요, 산시(陝西)성에는 2천년도 더 된 사합원이 있습니다. 북방 지역이 워낙 춥다 보니 건축 양식이 다소 폐쇄적인 구조를 띄고 있어요. 화북 사람들의 전통을 고수하는 폐쇄적인 성격도 건축 양식에 잘 드러나 있습니다. 옛날에는 농민들은 삼합원에서 살고, 부유층이 사합원에 살 수 있었지만, 지금은 한 건물에 여러 세대가 공동으로 거주하고 있어요. 베이징에는 규모가 큰 것도 있지만, 좁은 골목이란 뜻의 몽골어 후퉁(胡同 hútòng)을 따라 사합원 양식으로 지어진 서민 가옥들이 다닥다닥 붙어 있는 경우가 많습니다.

# Wǒ shì Hánguórén.

# 我是韩国人。

저는 한국 사람입니다.

**학습 포인트**

1. 서로의 국적 말하기
2. 나라 이름
3. 是자문

 Wǒ shì Hánguórén.
我是韩国人。

 Wǒ shì Zhōngguórén.
我是中国人。

저는 한국 사람입니다.

 저는 중국 사람입니다.

 11-2

| Hánguó | 韩国 | 명 | 한국 |
| Hánguórén | 韩国人 | 명 | 한국 사람 |
| Zhōngguó | 中国 | 명 | 중국 |
| Zhōngguórén | 中国人 | 명 | 중국 사람 |

# 어법노트

## ★1 是자문

10과에서 이름을 말할 때, 我是 ○○○。 Wǒ shì ○○○。 했던 거 기억나시죠? 是는 shì '～는 …이다'는 뜻이었습니다. 동사 是가 술어로 쓰인 문장을 是자문이라고 해요. A是B의 형식으로 'A는 B이다'라는 뜻이에요.

Wǒ shì Hánguórén.    我是韩国人。    저는 한국 사람입니다.
Wǒ shì Zhōngguórén.    我是中国人。    저는 중국 사람입니다.


## ★2 나라와 국적

국적을 밝힐 때는 나라 이름 다음에 人 rén (사람)을 붙여 말합니다.

| | | | | | |
|---|---|---|---|---|---|
| • Hánguó | 韩国 | 한국 | • Hánguórén | 韩国人 | 한국 사람 |
| • Zhōngguó | 中国 | 중국 | • Zhōnguórén | 中国人 | 중국 사람 |
| • Měiguó | 美国 | 미국 | • Měiguórén | 美国人 | 미국 사람 |
| • Fǎguó | 法国 | 프랑스 | • Fǎguórén | 法国人 | 프랑스 사람 |
| • Yīngguó | 英国 | 영국 | • Yīngguórén | 英国人 | 영국 사람 |
| • Rìběn | 日本 | 일본 | • Rìběnrén | 日本人 | 일본 사람 |

✳ 큰 소리로 따라 읽어 보세요.

| z | c | s | |
|---|---|---|---|
| zh | ch | sh | r |

- zìdiǎn 字典 한자 사전
- zìjǐ 自己 자신

- cídiǎn 词典 사전
- cānjiā 参加 참가하다

- sì hào 四号 4일, 숫자 4번
- sì shí 四十 숫자 40

- zhīdào 知道 알다
- Zhōngguó 中国 중국

- chī fàn 吃饭 밥을 먹다
- chūguó 出国 외국으로 나가다

- lǎoshī 老师 선생님
- Rìběn 日本 일본

**1**

Hánguórén      韩国人   한국 사람

Wǒ shì Hánguórén.      我是韩国人。
저는 한국 사람입니다.

**2**

Zhōngguórén      中国人   중국 사람

Nǐ shì Zhōngguórén.      你是中国人。
당신은 중국 사람입니다.

Měiguórén        美国人    미국 사람

Tā shì Měiguórén.        他是美国人。
그는 미국 사람입니다.

Rìběnrén.        日本人    일본 사람

Tā shì Rìběnrén.        她是日本人。
그녀는 일본 사람입니다.

**1** 녹음을 듣고 일치하는 그림과 단어를 연결하세요.

1. 中国

a.

2. 法国

b.

3. 韩国

c.

4. 日本

d.

5. 英国

e.

**2** 녹음을 듣고 간체자를 써서 문장을 완성하세요.

1. 我是_____。

2. 我是_____。

3. 我是_____。

4. 我是_____。

5. 我是_____。

## 간체자 쓰기

**韩国**
Hánguó
명 한국

| 韩 | 国 | | | | | |
|---|---|---|---|---|---|---|
| | | | | | | |

**韩国人**
Hánguórén
명 한국 사람

| 韩 | 国 | 人 | | |
|---|---|---|---|---|
| | | | | |

**中国**
Zhōngguó
명 중국

| 中 | 国 | | | | | |
|---|---|---|---|---|---|---|
| | | | | | | |

**中国人**
Zhōngguórén
명 중국 사람

| 中 | 国 | 人 | | |
|---|---|---|---|---|
| | | | | |

## 중국문화 알리바바 阿里巴巴

# 중국어 외래어 따라잡기

외래어를 아주 끝내주게 옮겨온 것으로 정평이 나 있는 것이 바로 코카콜라입니다. 중국어로 코카콜라는 可口可乐 kěkǒukělè 라고 하는데요. 발음도 아주 비슷하지만 그 뜻 역시 '마시면 마실수록 기쁨을 주는 음료'라고 하니, 제품의 이미지 전달에도 적절하지요. 하지만 코카콜라가 처음부터 이 이름을 썼던 건 아닙니다. 1927년 코카콜라가 중국 상하이에 처음 진출했을 때, 코카콜라의 발음만 생각해서 蝌蝌啃蜡 Kēkēkěnlà라고 했었는데요, 이는 '올챙이가 양초를 먹다'라는 뜻을 가지고 있었기 때문에 소비자들에게 좋은 이미지를 주지 못했죠. 그래서 다음 해에 코카콜라는 거액을 걸고 중국 이름을 공모하게 되었고 지금의 可口可乐가 탄생한 겁니다.

# Nǐ chī fàn le ma?

# 你吃饭了吗?

식사하셨어요?

**학습 포인트**

1. 일상에서의 안부 표현
2. 동작의 완료나 상황의 변화를 나타내는 了
3. ~吗?

 Nǐ chī fàn le ma?
你吃饭了吗?

 Xièxie, wǒ chī le.
谢谢, 我吃了。

식사하셨어요?

 감사합니다. 먹었어요.

12-2

★단어

| chī | 吃 | 동 | 먹다 |
|-----|-----|-----|-----|
| fàn | 饭 | 명 | 밥 |
| le | 了 | 조 | ~했다 |
| ma | 吗 | 조 | ~까?, ~요? (의문문을 만드는 어기조사) |

# 어법노트

## ☆1 중국인들의 안부 인사

날아다니는 것 중에는 비행기, 다리가 있는 것 중에는 책상만 빼고 중국인들은 다 먹는다는 말이 있을 정도로 중국인의 음식 사랑은 대단하죠? 그래서인지 안부를 물을 때도 먹는 말이 꼭 들어가요.

A: Nǐ chī fàn le ma?　　你吃饭了吗?　　식사 하셨어요?

B: Wǒ chī le, xièxie!　　我吃了, 谢谢!　　저 먹었어요. 감사합니다.

## ☆2 동작의 완료나 상황의 변화를 나타내는 了

(1) 동사 + 了: 동작의 완료

chī　吃 먹다　　　　　chī le　吃了 먹었다

mǎi　买 사다　　　　　mǎi le　买了 샀다

(2) 문장 끝의 了: 상황의 변화

Wǒ è le.　我饿了。　저 배 고파요.

Xià yǔ le.　下雨了。　비가 오네요.

## ☆3 ~吗?

9과에서 今天几号? Jīntiān jǐ hào? (오늘 며칠입니까?)에서는 几 jǐ가 의문을 나타내는 의문대사였어요. 그래서 문장 끝에 의문문을 나타내는 어기조사 吗가 필요없었던 거죠. 几와 吗는 한 문장에서 함께 쓸 수 없기 때문에 今天几号吗?는 틀린 문장입니다.

chī　　　　　　　　　吃　　　　　　먹다

Nǐ chī.　　　　　　　你吃。　　　　당신은 먹는다.

Nǐ chī ma?　　　　　你吃吗?　　　당신은 먹습니까?

Nǐ chī fàn le ma?　　你吃饭了吗?　당신은 식사를 하셨습니까?

Zhōngguórén　　　　　中国人　　　　중국 사람

Nǐ shì Zhōngguórén　你是中国人。　당신은 중국 사람이다.

Nǐ shì Zhōngguórén ma?　你是中国人吗?　당신은 중국 사람입니까?

## 발음연습 12-3

✳ 큰 소리로 따라 읽어 보세요.

**경성의 높이: 경성 글자 앞의 성조에 따라 결정**

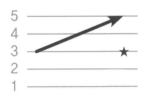

| | | |
|---|---|---|
| māma | 妈妈 | 엄마 |
| gēge | 哥哥 | 오빠 |

| | | |
|---|---|---|
| xuésheng | 学生 | 학생 |
| míngzi | 名字 | 이름 |

제3성 + 경성

| | | |
|---|---|---|
| nǐmen | 你们 | 당신들 |
| wǒmen | 我们 | 우리들 |

| | | |
|---|---|---|
| mèimei | 妹妹 | 여동생 |
| dìdi | 弟弟 | 남동생 |

Nǐ hǎo!     你好!     안녕하세요!

Nín hǎo!     您好!     안녕하세요!

Zǎoshang hǎo!     早上好!     좋은 아침입니다!

Wǎnshang hǎo!     晚上好!     좋은 저녁입니다!

**3**

Chī le ma?　　吃了吗?　　식사하셨어요?

Qù nǎr?　　去哪儿?　　어디 가세요?

**4**

Guò de zěnmeyàng?　　过得怎么样?
　　　　　　　　　　요즘 어때요?

Zěnme guò de?　　怎么过的?
　　　　　　　　어떻게 지내요?

Zuìjìn zěnmeyàng?　　最近怎么样?
　　　　　　　　요즘 어때요?

🇨🇳 보충단어　12-5

| • wǎnshang | 晚上 | 명 저녁 | • qù | 去 | 동 가다 |
|---|---|---|---|---|---|
| • nǎr | 哪儿 | 대 어디 | • guò | 过 | 동 지내다 |
| • de | 得 | 조 …하다, 동사(형용사 뒤에 쓰여 보어를 연결함) | | | |
| • zuìjìn | 最近 | 명 요즘, 최근 | • zěnmeyàng | 怎么样 | 어떠하다 |

 연습문제

① 다음은 여러 가지 안부 인사 표현입니다. 밑줄에 의미에 맞는 한어병음과 간체자를 쓰세요.

1. A: Nǐ hǎo!  你好!  안녕하세요!
   B: _____  안녕하세요!

2. A: Zǎoshang hǎo!  早上好!  좋은 아침입니다!
   B: _____  좋은 아침입니다!

3. A: Wǎnshang hǎo!  晚上好!  좋은 저녁입니다!
   B: _____  좋은 저녁입니다!

4. A: Nǐ chī le ma?  你吃了吗?  식사 하셨어요?
   B: _____  감사합니다. 먹었어요.

5. A: Zài jiàn!  再见!  안녕히 계세요!
   B: _____  또 만나요!

6. A: Míngtiān jiàn!  明天见!  내일 뵙겠습니다!
   B: _____  내일 만나요!

## 간체자 쓰기

| 吃<br>chī<br>동 먹다 | 吃 | | | | | | |
|---|---|---|---|---|---|---|---|
| | | | | | | | |

| 了<br>le<br>조 ~했다 | 了 | | | | | | |
|---|---|---|---|---|---|---|---|
| | | | | | | | |

| 吗<br>ma<br>조 ~까?, ~요? | 吗 | | | | | | |
|---|---|---|---|---|---|---|---|
| | | | | | | | |

| 饭<br>fàn<br>명 밥 | 饭 | | | | | | |
|---|---|---|---|---|---|---|---|
| | | | | | | | |

# 중국문화 알리바바 阿里巴巴

## 패스트푸드점 이름으로 알아보는 중국 스타일 외래어 표기

중국어 외래어는 크게 세 가지 방법으로 표기됩니다.

첫째, 음을 그대로 표기한다.
- Màidāngláo　麦当劳　맥도널드
- Kěndéjī　肯德基　KFC
- Lètiānlì　乐天利　롯데리아
- Bìshèngkè　必胜客　피자헛
- Mǐsītèbǐsà　米斯特比萨　미스터피자

둘째, 의미를 가지고 표기한다.
- kuàicān　快餐　패스트푸드

셋째, 음과 의미를 합쳐 표기한다.
- Hànbǎowáng　汉堡王　버거킹
- Xīngbākè　星巴克　스타벅스

# 연습문제 정답

## UNIT 5

# Nǐ hǎo ma? 你好吗?
잘 지내시죠?

1) 1. Nǐ hǎo ma? p.76
   2. Wǒ hěn hǎo.
   3. Xièxie!
   4. jiějie
   5. gēge
2) 1. Nǐ hǎo ma?
   2. Wǒ hěn hǎo.
   3. Xièxie!
   4. Māma hǎo ma?

## UNIT 6

# Xièxie! 谢谢!
감사합니다!

1) 1. kèqi p.86
   2. qìtǐ
   3. kèrén
   4. xièxie
2) 1. Bú kèqi.
   2. Bú yòng xiè.
   3. Xièxie nǐ.
   4. Fēicháng gǎnxiè.

## UNIT 7

# Bù hǎo yìsi! 不好意思!
죄송합니다!

1) 1. mā p.96
   2. dài
   3. màn
   4. mán
   5. bǎ
   6. tīng
   7. néng
   8. lái
   9. kù
   10. kǔ
2) 1. Zǎoshang hǎo!
   2. Nǐ hǎo!, Nǐ hǎo!
   3. Méi guānxi.
   4. Xièxie nǐ!

## UNIT 8

# Zài jiàn! 再见!
또 만나요!

1) 1. qìchē p.106
   2. hòutiān
   3. dìtú
   4. bànfǎ
   5. xiàwǔ
   6. fàndiàn
   7. Zài jiàn!
   8. bàba
2) 1. 一刻  yí kè
   2. 一年  yì nián
   3. 不是  bú shì
   4. 不看  bú kàn

## UNIT 9

### Jīntiān jǐ hào? 今天几号?
오늘은 며칠이죠?

2) 1. zuótiān p.116
   2. jīntiān
   3. míngtiān
   4. qiántiān
   5. hòutiān
3) 1. Èr shí sì hào.
   2. Èr shí sān hào.
   3. Èr shí wǔ hào.

## UNIT 10

### Wǒ shì Chéng Lóng.
我是成龙。 저는 성룡입니다.

1) 1. Wǒ p.126
   2. shì
   3. Wǒ
   4. jiào
   5. Zhōu
2) 1. tóngwū
   2. liúxué
   3. péngyou
   4. niúnǎi
   5. píjiǔ

## UNIT 11

### Wǒ shì Hánguórén.
我是韩国人。 저는 한국 사람입니다.

1) 1. d p.136
   2. b
   3. a
   4. c
   5. e
2) 1. 中国人
   2. 韩国人
   3. 日本人
   4. 法国人
   5. 英国人

## UNIT 12

### Nǐ chī fàn le ma? 你吃饭了吗?
식사하셨어요?

1) 1. Nǐ hǎo! 你好! p.146
   2. Zǎoshang hǎo! 早上好!
   3. Wǎnshang hǎo! 晚上好!
   4. Xièxie, wǒ chī le. 谢谢, 我吃了。
   5. Zài jiàn! 再见!
   6. Míngtiān jiàn! 明天见!